Jürgen Heermann

Warum sie oben bleiben

Ein Flugbegleiter für Passagiere
Vom Start bis zur Landung

Rasch und Röhring Verlag

Bildnachweis:
Die Bilder auf den Seiten 12, 84, 125, 131, 162, 209 und 211 sind von der Lufthansa gestellt. Das Bild auf der Seite 101 stammt von der Firma Boeing. Alle übrigen Fotos sind die des Autors.

Die Deutsche Bibliothek – CIP-Einheitsaufnahme
Heermann, Jürgen:
Warum sie oben bleiben: Ein Flugbegleiter für Passagiere.
Vom Start bis zur Landung/
Jürgen Heermann. – Hamburg: Rasch und Röhring, 1997
ISBN 3-89136-622-1

Copyright © 1997 by Rasch und Röhring Verlag, Hamburg
Großer Burstah 42, 20457 Hamburg, Fax 040 - 37 13 89
Umschlaggestaltung: Peter Albers
Satzherstellung: KCS GmbH, Buchholz/Hamburg
Druck- und Bindearbeiten: Ebner, Ulm
Printed in Germany

Inhalt

Vorwort 7

Als Passagier von Frankfurt nach Brüssel 9

Theatersitze wählt man sorgfältiger · Regen für alle Klassen · Der Kabinendruck wird abgesenkt · Der Tower ist nur für Start und Landung zuständig · Es gibt keinen automatischen Start · Die Startbahn – zu Fuß eine Dreiviertelstunde · Die manipulierbare Tragfläche · Die Tragfläche wird nach oben gesogen · Der Autopilot hält Höhe und Richtung · Mit Steuerrad auf neutral durch die Kurve · Durch Ziehen gewinnt man Höhe · Flugzeuge und Zweiräder bewegen sich im Scheinlot · Höhen- und Seitenruder stabilisieren · Alltag bedeutet alles in Frage stellen · Erst fünf, dann vier, jetzt drei oder zwei · Vom Mechaniker zum Ingenieur · Der Copilot ist ein voll ausgebildeter Flugzeugführer · Druckgußgelenke nur vom Feinsten · Essen aus einer Handarbeitsfabrik · Ein Verkehrsflugzeug fliegt auch ohne Schub · Die Hydraulik ist das Mittel der Wahl · Verschiedene Hydraulikquellen · Vom Befehl zur Bewegung · Fly by wire · Schier unzählige Kabel · Was in der Steckdose wartet, ist nicht immer identisch · 400 Hertz sparen Gewicht · Drehzahlregelung aus dem letzten Jahrhundert · Die Stromerzeugung ist reichlich · Eine Anlage für warm und kalt · Die Wärme ist nur ein Produkt des Luftdrucks · In den Wolken ist die Luft nicht glatt · Widerstandsträchtig fahren die Auftriebsmittel aus · Landen ist kein einfaches Aufsetzen · Bremsen auf dreierlei Weise

Als Flugingenieur von Atlanta nach Frankfurt 82

50 000 Mark Zinsen pro Tag · Hochpräzise Kraftstoffplanung · Sechs Millionen Teile unter Kontrolle · Lufttüchtig-

keitsprüfung vor jedem Flug · Runderneuerte Reifen mit herausschauendem Gewebe · Flugzeuge starten gegen den Wind · Nur nach Litern zu tanken wäre viel zu ungenau · Der Flugingenieur hat die beste Sicht auf alle Instrumente · Ein Flugzeug muß zum Start ausgetrimmt sein · Von der Exerzierkarte zur Checkliste · Bremsklötze auch für die modernsten Flugzeuge · Flugführung auf Diskette · Das Rollen ist die Vorbereitung zum Start · Die Gummiwolke bringt nicht den größten Verschleiß · Tausend Millionen erscheinen mehr als eine Milliarde · Ein Tacho für 200 000 Mark · Wechsel in die dritte Dimension · Was für den Hammer gut ist, ist für die Bremsen anstrengend · Bei Hochdruckwetter fliegen sie höher · Kerosin ist Petroleum · Kein Gegenverkehr auf Luftstraßen · Navigationssender weisen den Weg · Für das fliegende Flugzeug kommt der Wind immer von vorn · Radargeräte ermöglichen einen dichteren Verkehr · Ein Flugzeug ist wie ein dressierter Löwe · Kein magnetischer Kompaß weiß, wo der Nordpol ist · Eine Automatik läuft selten automatisch · Das scheinbar Banale, das sich nicht automatisieren läßt · Eine Stadt des Besonderen · Kein Flug ist wie der andere · Gummispuren und fühlbare Betonplatten · Hohe Anspannung bei der automatischen Landung · Sechs Straßen sorgen für Ordnung · Der Bogen als kürzester Weg · Alles in einer Hand? · Suck – Squeeze – Bang – Blow! · Wir entscheiden, nicht die Triebwerke · Der Verzicht spart, der bewußte Umgang auch · Vom Schlaf zum Frühstück · Einen Kilometer in vier Sekunden · Zur Behaglichkeit gehört genügend relative Feuchte · Zum Kühlen am Boden zieht die Klimaanlage alle Register · Einen Adelstitel für die Kühlung · Im Luftdruck steckt Wohlbefinden · »Das QNH ist 1004« · Die Wartungstechniker übernehmen das Flugzeug · Ein automatischer Vorgang bedarf nicht der Kontrolle · Sichtkontakt bei der Landung

Register 215

Vorwort

Eine Gabel knickt selbst dann nicht ein, wenn das aufzuspießende Fleischstück sehr viel größer ist als der Mund, in dem es verschwinden soll. Wäre ein Flugzeug ähnlich überdimensioniert ausgelegt, könnte es nicht rollen und schon gar nicht fliegen. Es ist eher einem schlanken Champagnerglas vergleichbar, das, richtig behandelt, einem herrlichen Zweck dient.
Ich bin eingefleischter Techniker und liebe diese riesigen, sensiblen Gebilde. Seit vielen Jahren arbeite ich als Flugingenieur in einem Jumbojet, der so groß ist, daß die Passagiere schon beim Rollen höher sitzen, als die Gebrüder Wright anfänglich geflogen sind. Doch obwohl ich alle physikalischen Grundgrößen kenne, die mir den Auftrieb erklären, zweifle ich jedesmal wieder, ob sich so ein Koloß wirklich in die Luft erheben kann, und bin immer wieder neu fasziniert, wenn dieser Riesenvogel abhebt. Zum Glück besteht das Flugzeug beim Start für mich nur aus Bedienelementen, niemals aus einer fliegenden 71 Meter langen Röhre mit 400 Passagieren, 30 Tonnen Fracht und 200 000 Litern Kraftstoff, sonst könnte ich meine Arbeit beim Take-Off wohl nicht ordnungsgemäß verrichten.
Über viele Jahre habe ich im Cockpit immer wieder interessierte Fluggäste kennengelernt. Ihre vielfältigen Fragen zur Fliegerei haben mich auf die Idee gebracht, darüber etwas zu schreiben, und zwar in einer Sprache, die der Cockpitbesucher erwartet: sich auf das Wesentliche konzentrieren und dabei ohne Zeichnungen und Diagramme auskommen, komplizierte Systeme auf das manchmal für uns Fachleute verlorengegangene Grundprinzip zurückführen, Unbekanntes mit Bekanntem vergleichen, als Profi den Mut haben, auf den fach-

lich richtigen Begriff der Verständlichkeit wegen zu verzichten.
In diesem Buch lade ich Sie ein, mich auf zwei Flügen zu begleiten. Auf der Strecke Frankfurt–Brüssel werde ich Ihnen aus der Perspektive eines Passagiers berichten und erläutern, was vom Betreten der Abflughalle bis zum Aufsetzen der Maschine auf der Landebahn alles in der sichtbaren und unsichtbaren Umgebung passiert. Von Atlanta nach Frankfurt können Sie mich dann als Flugingenieur im Cockpit begleiten. Sie werden dabei so viele weitere Informationen erhalten, daß das Fliegen für Sie kein Mysterium mehr sein wird. Vielleicht kann dieses intensive Kennenlernen des Verkehrsmittels Flugzeug bei dem einen oder anderen sogar eine eventuell vorhandene Flugangst ein wenig mindern. Denn auch bei der Fliegerei wird nur mit Wasser gekocht, wenn auch manchmal bei anderen Temperaturen.

Weiterstadt, im Oktober 1996   Jürgen Heermann

Als Passagier
von Frankfurt nach Brüssel

Flughafen Frankfurt. Für meine Zweitagestour, nur mit Reisetasche, eile ich durch Gänge mit und ohne Fließbänder. Routiniert halte ich die Reihenfolge meiner Legitimierungen ein. Erst mit dem Ticket winken, dann den Paß zeigen. Diese Reihenfolge ist weltweit praktisch immer gleich, leicht zu erlernen und fordert kaum nennenswerten persönlichen Einsatz. Es sei denn, es kommt zum typischen Gedränge.
Und genau dies erwartet mich jetzt. Flugsteig 54 ist mein Ziel. Unter den ortskundigen Vielfliegern kommt jetzt strategisches Denken auf. Teil eins ist so eine Art Heimvorteil, für andere nicht ersichtlich, trotzdem nicht verwerflich: Links führt eine Treppe hinunter zu den Flugsteigen 50 bis 54, rechts geht es laut Beschilderung zu 55 bis 59. Dort unten aber sind beide Treppen erstaunlicherweise mit einem breiten Gang verbunden. Von hier aus führt der Weg durch zwei Sicherheitskontrollen, wiederum gesondert für 50 bis 54 und 55 bis 59. Spätestens hier kommt es zu den zwei zeitraubenden Menschenknäueln, immer von unterschiedlicher Größe. Mit meinem Wissen um diese besondere Verbindung nehme ich diesmal »55 bis 59«.
Es ist scheinbar unter den Passagieren abgesprochen: Hierzulande habe ich vor den Röntgenuntersuchungsstellen, hier wird das gesamte Gepäck durchleuchtet, immer nur diese Knäuel und nie Menschenschlangen gesehen. Da bleibt nur Einreihen, Mitschwimmen und Vom-Fliegen-Träumen. Vom Fliegen, ohne einzusteigen!
Doch jetzt kommt Teil zwei des Einsteigens: Braves Anstellen und geduldiges Mittippeln unter Beibehaltung einer ruhigen Miene ist der übliche Weg. Ernst umherschauende, lauernde, aufmerksame Blicke verra-

ten den strategisch arbeitenden Drängler. Macht der schräg vor ihm Stehende einen kleinen Schritt oder schwankt auch nur ein wenig, werden die preisgegebenen Zentimeter sofort eingenommen. Jeder kommt dran. Das Handgepäck aufs Band gestellt, die Arme zum elektronischen Abtasten leicht abgespreizt. Abgewöhnt habe ich mir den Versuch, hierzulande meine kleine, weitgehend aus Kunststoff bestehende (Kleinbild-Sucher-)Kamera aus dem Handgepäck zu ziehen und ins Jackett zu stecken. Im Gegensatz zu manch anderen Flughäfen in der Welt wird sie hier beim Durchschreiten der Abtastersatz-Torbogensonden (der richtige Name ist *metal-detection-gateways*) immer entdeckt und dann doch aufs Band zum Handgepäck befohlen. Für den Seltenflieger und Vielfotografierer kein Problem, für den Vielflieger und Seltenfotografierer aber ein großes. Vielleicht dreißigmal hält das Material stand, danach erkennt der empfindliche Betrachter eines normal empfindlichen Films die ersten unliebsamen Veränderungen. Das passiert, weil der Film von den Röntgenstrahlen nicht gleichmäßig erwischt wird, denn dann würde er nur einen Hauch empfindlicher und zugleich flacher im Kontrast werden.

Theatersitze wählt man sorgfältiger

Arme wieder an den Körper gelegt, Tasche an die Hand gehängt, marschiere ich zum Flugsteig. Nach »guten Tag«, »guten Tag«, Ticketüberreichung, Tastaturgeklapper (ich würde gerne mit auf den Bildschirm schauen) kommt das erwartete »Raucher oder Nichtraucher?« und mein unerwartetes »Wenn möglich, bitte vorn am Fenster«. Zu dem ungebrochenen Wunsch, die unter mir dahinziehende Landschaft zu sehen, kam im Lauf der Jahre die Neugier zu erfahren, wie auf meinen Sitz-

platzwunsch reagiert wird. Von einer Miene höflichen Verständnisses bis zu schallendem Gelächter gab es schon alles. Wie laut würde erst gelacht werden, wenn ich meinen Wunsch vervollständigen würde: »Bitte einen Fensterplatz am Gang – vorne«. Nach einer kleinen Pause noch anhängend: »Oben!« Und dann noch mit dem Zusatz: »Nichtraucher!«
Nun, so ein Platz muß erst noch erfunden werden. Aber man sitzt doch im Flugzeug bis zu zehnmal länger als im Kino oder Theater! Warum sollte man da die Sitzplatzwahl allein der Frage des Rauchens oder Nichtrauchens überlassen? Ist bei einem reinen Nichtraucherflug dann überhaupt keine Platzwahl mehr möglich? Eine Tragfläche, die 25 Meter in die Umgebung ragt, kann den Wunsch nach Betrachtung der Natur bitter enttäuschen. Auch hinter der Tragfläche kann sich die Freude in Grenzen halten, wenn nämlich der Blick durch den flimmernden Abgasstrahl des an der Tragfläche hängenden und munter vor sich hin laufenden Triebwerks getrübt wird.
Ein Nachteil der Fensterplätze ist, daß es nicht viele davon gibt. Sind sie erst mal vergeben, braucht man sich um einen strategisch guten Platz auch nicht mehr sonderlich zu kümmern. In einem kleinen, aufgeräumten Linienjet ist kaum mehr als jeder dritte Sitz ein Fensterplatz, und in einem scheinbar nur aus Sitzen bestehenden Chartergroßraumflugzeug sinkt der Anteil auf ein Fünftel. Das liegt natürlich nicht daran, daß beim Hersteller für Charterflugzeuge weniger Löcher für Fenster »gebohrt« werden. Vielmehr muß zusammengerückt werden, schließlich will man preiswert fliegen. So kommt ein Großraumflugzeug auf zehn Sitze in einer Reihe, getrennt durch zwei Gänge. Im gleichen Dickrumpf beläßt man es in der ersten Klasse bei sechs Sitzen, ebenfalls getrennt durch zwei Gänge, aber sie sind sofaartig, mit bügelbrettbreiten Armlehnen.

Boeing 737

Meine Gedanken an Sitzplätze verfliegen, denn jetzt darf ich einsteigen. In einen Bus! Auch auf diesem Weltflughafen klebt nicht jedes Flugzeug passagierfreundlich an einer Zugangsröhre. So steht denn auch unseres auf dem Vorfeld. Einerseits genieße ich immer wieder die elegante und ruhige Fahrweise dieser Busfahrer, andererseits denke ich an die lange Reisezeit, die eigentlich schon mit dem Haustürzuziehen beginnt und erst mit dem Erreichen des Hotelzimmers beendet ist. Diese wirkliche Reisezeit kann leicht das Vielfache der reinen Flugzeit ausmachen – von Frankfurt nach Brüssel beträgt sie 45 Minuten –, so daß eine längere Flugzeit die Gesamtreisedauer kaum verlängert. Dennoch setzen die Fluggesellschaften viel daran, auch einen Zehnstundenflug noch um Minuten zu verkürzen. Angenommen, die Busfahrt mit Ein- und Aussteigen hätte eine zwölfminütige Abflugverspätung entstehen lassen. Zur Vermeidung einer Ankunftverspätung müßte man diese Zeit im Flug wieder reinholen. Auf der Strecke Frankfurt–Brüssel unmöglich! Auf einem Achteinhalbstundenflug nach New York könnte ein Flugzeug »mit den üblichen Mitteln« diese zwölf Minuten durch schnelleres Fliegen gerade noch gutmachen. Wie beim Autofahren kostet das höhere Tempo jedoch ordentlich Kraftstoff. Dreimal nach New York auf diese Weise bedeutet ein Mehr an Energie, das größer ist als der Jahresverbrauch eines Einfamilienhauses, nämlich bis zu 7500 Litern Kraftstoff (*fuel*).

Ich kann beobachten, wie von der vorderen offenen Eingangstür der Boeing 737 aus dem Busfahrer ein Handzeichen gegeben wird. Die Kabine ist zum Einsteigen vorbereitet. Das ist der Fall, wenn Belade- und Reinigungspersonal von Bord gegangen und das Betanken abgeschlossen ist. Bereits vorher hat ein Mitarbeiter (*rampagent*) an Hand eines vom Busfahrer mitgeführten Zettels die richtige Zuordnung des Busses zum Flugzeug festgestellt. Die Bustüren öffnen sich. Sofort macht sich die im Heck des Flugzeugs eingebaute Hilfsgasturbine, genannt APU (*auxiliary power unit*), durch ihren Lärm bemerkbar. Sie liefert im Moment den Strom und die Klimatisierung. Die Kabine kann mit Hilfe der von ihr gelieferten Luft, die an anderer Stelle im Rumpf noch aufbereitet wird, geheizt und auch gekühlt werden. Diese APU gehört sozusagen zum festen Gepäck des Flugzeugs. Sie arbeitet unabhängig von Bodenaggregaten und hat nach dem Anlassen der Triebwerke normalerweise bis zum Ende des Fluges Ruhepause.

Regen für alle Klassen

Jetzt ist schnelles Einsteigen wichtig. Was nützt ein vollklimatisiertes und gut schallisoliertes Flugzeug, wenn hier draußen auf dem Vorfeld neben ohrenbetäubendem Lärm von den nebenan vorbeirollenden Flugzeugen auch noch Wind und Regen scheinbar waagerecht daherkommen. Zweiklassenversion, Sitz 1A, ganz vorn links am Fenster, wie gewünscht! Ein leichter Druckstoß auf die Ohren – die letzte Tür wird geschlossen. Die Luft der Klimaanlage kommt aus Wand- und Deckenschlitzen, die über die ganze Kabinenlänge verteilt sind. War sie bis eben nach dem Vorbeistreichen an Mensch und Mobiliar durch die Türen hinausgeströmt, so muß sie sich jetzt durch eine spezielle, wesentlich kleinere Öffnung zwängen. Dadurch steigt der Druck plötzlich ein wenig an, wenn auch viel geringer als beim schnellen Schließen von Autotüren bei laufendem Lüftungsventilator. Diese spezielle Öffnung ist von nun an das Auslaßventil für die gesamte Kabinenluft. Die Bezeichnung Ventil verrät eine gewisse Regelbarkeit. Noch besteht keine Veranlassung, von der voll geöffneten Stellung abzurücken. Sind wir in der Luft, kommt jedoch auf dieses nur handtellergroße Loch eine hochsensible Aufgabe zu. Das Trommelfell reagiert sehr empfindlich auf schnelle Luftdruckschwankungen. Es wölbt sich bei Druckanstieg nach innen und bei Druckabnahme nach außen. Diese Wölbung dämpft die Hörfähigkeit und wird als unangenehm empfunden. So gewölbt bliebe das Trommelfell, wäre das Ohr nicht auch für das Benutzen von Aufzügen und Flugzeugen sowie andere Druckschwankungsmaschinen und das Bergsteigen gewappnet. Zwischen der Rückseite des Trommelfells, der Paukenhöhle, und dem Nasen-Rachen-Raum liegt die Eustachische Röhre oder Ohrtrompete. Sie sorgt mehr oder weniger schnell für einen Druckausgleich. Bei Schnupfen weniger, beim Gähnen oder gar beim Reinblasen beziehungsweise Hochziehen der zugehaltenen Nase mehr. Ab sofort werden diese Druckschwankungen im Flugzeug vermieden, oder, ehrlicher gesagt, sie werden möglichst gering gehalten.

Flugzeug – Schleppstange – Schlepper (Boeing 727)

Je nach Sitzplatz kann der Passagier mehr oder weniger deutlich das Anlassen der beiden Triebwerke wahrnehmen. Danach ist auch wieder das Rauschen der heute wärmenden Luft zu hören. Beim Anlassen der Triebwerke gilt: Alle Luft dem Starter. Deshalb wurde in dieser Zeit die Klimaanlage ausgeschaltet. Doch jetzt fließt kontinuierlich Luft aus den Triebwerken in die Kabine. Demzufolge kann die bei diesem Flugzeug etwa zwei Liter Kraftstoff pro Minute schluckende Hilfsgasturbine abgeschaltet werden. Das Flugzeug ist fertig zum Abrollen.
Schon vor dem Anlassen wurde die motorisierte Einstiegstreppe beiseite gefahren. Gleich wird der Flugzeugtechniker seinen Platz in der Nähe des Bugrads verlassen. Von dieser Stelle aus war er während des Triebwerkanlassens über Kopfhörer und Mikrofon mit dem Cockpit verbunden. Er gab die Klarmeldung, daß sich im Gefahrenbereich der Triebwerke keine Hindernisse mehr befinden. Die Triebwerke saugen nämlich durch

ihre vordere Öffnung neben Luft auch gerne alles andere ein, was ihnen zu nahe kommt. Und dazu blasen sie hinter dem Flugzeug noch kräftiger alles um, was sich nicht in sicherer Entfernung befindet.
Den Mann vom Dienst sehe ich jetzt links vom Flugzeug. Er dürfte heute an dieser Seite von allen Fenstern aus zu sehen sein. Er steht dort, um dem Cockpitpersonal durch Handzeichen zu signalisieren, daß es keine Hindernisse gibt und sie wegrollen können. Heute wird sich das Flugzeug vorwärts in Bewegung setzen. Da es hier auf einer Außenposition steht, ist ein Zurückschieben mit Hilfe eines Flugzeugschleppers nicht notwendig. Abgesehen von diesem möglichen Schleppen eines Flugzeugs bewegt sich das Flugzeug ausschließlich mit Hilfe des Triebwerkschubs vorwärts. Antriebe an den Rädern gibt es nicht. Im Hinblick auf das Rollen am Boden wäre ein Radantrieb kraftstoffsparend, insgesamt wäre er aber wegen seines Gewichts für das Fliegen zu teuer.
Gewichteinsparen ist das A und O in der Fliegerei. Ein Kilogramm Gewicht mehr kostet im Jahr rund 200 Liter Kraftstoff. Bei einem Literpreis von 50 Pfennig sind das 100 Mark. Meine Lesebrille wiegt 25 Gramm. Würde sie auf einem Flugzeug ständig mitfliegen, wären das Kraftstoffmehrkosten von zwei Mark fünfzig pro Jahr. Würden alle Passagiere immer ihr Kleingeld zu Hause lassen – gerechnet mit 50 Gramm für zwölf verschiedene deutsche Münzen –, wäre die Einsparung bei einem Jumbo, der 387 Passagiere faßt, 4000 Mark pro Jahr. Wird eine ganze Flugzeugladung Äpfel von Neuseeland nach Deutschland geflogen, wird für jeden Apfel das Zweieinhalbfache seines Volumens an Kraftstoff verbraucht. Bei den genannten Preisen sind das 1,25 Mark pro Kilogramm Äpfel.
Die Bedeutung der Gewichtersparnis nimmt mit der Einsatzzeit eines Flugzeugs zu. Und das sind viel mehr Stunden pro Monat, als ein Mensch arbeiten kann. Darum

benötigt eine Luftfahrtgesellschaft sieben bis zehn Besatzungen pro Flugzeug, um es personell ausreichend zu versorgen. Langstreckenflugzeuge kommen auf eine höhere Jahresstundenzahl als Kurzstreckenflugzeuge. Sie liegt nicht selten über 5000. Das sind zusammen sieben Monate im Jahr. Ein Privatauto erreicht in dieser Zeit durchschnittlich weniger als zwei Wochen Betriebszeit.

Warum die renommierten Fluggesellschaften ihre Flugzeuge im allgemeinen nach 15 oder 20 Jahren bereits verkauft haben, ist weniger eine Frage des Alter(n)s als eine von Prestige und stillem Kundenwunsch. Diese Einstellung mag löblich sein, denn neue Flugzeuggenerationen verbrauchen nicht nur weniger Kraftstoff, sie sind auch leiser.

Inzwischen hat die Chefin der Kabine, die Purserette, ihre Ansage gemacht. Begrüßung, Flugziel, Flugzeit. Dann kommt die vorgeschriebene Sauerstoffmaskenvorführung: »... bei einem eventuellen Druckverlust fallen automatisch ...«

Der Kabinendruck wird abgesenkt

Wer schon einmal auf einem hohen Berg herumgelaufen ist, hat dabei sicherlich keuchend erfahren, daß die Luft da oben dünner ist. Mit zunehmender Höhe nimmt der Luftdruck ab, und so ist es leicht nachvollziehbar, daß es eine Höhe gibt, bei der für den Menschen auch schnellstes Japsen nicht mehr ausreicht. Dennoch fliegen Flugzeuge weit über dieser »Japs«-Grenze. Hierzu haben sie eine Druckkabine. Durch sie ist der Luftdruck in Reiseflughöhe innen wesentlich größer als außen um das Flugzeug herum.

Der naheliegenden Überlegung, die Luft in der Kabine nach dem Schließen der Türen wie in einem Fahrradschlauch einzuschließen, steht der mit jeder Minute größer werdende Wunsch nach Lüftung entgegen. Also muß eine Einrichtung her, die trotz Luftaustausch den Druck gleichmäßig hält. Das funktioniert nur dann befriedigend, wenn beides, die ein- wie die ausströmende Luft, geregelt wird. Doch bauten wir so ein Flugzeug, wäre es schwerer als das der Konkurrenz. Warum muß ein im Flachland startendes Flugzeug unbedingt diesen hohen Druck beibehalten? Man könnte sich doch erlauben, den Druck in der Kabine nach dem Start leicht und langsam abzusenken, bis er dem auf einem Berg entspricht, der für alle noch gut begehbar ist. Und so wird es tatsächlich gemacht, wobei aber niemand bis zum Gipfel der Zugspitze »aufsteigen« muß. Wie stark der Druck sinkt, hängt von der Flughöhe ab. Je höher der Flug, desto höher wird die Kabine »gefahren«. Bei größter Flughöhe kommt die Kabine geringfügig über die Druckverhältnisse von 2000, bei innerdeutschen Flugstrecken wegen der geringeren Flughöhe häufig nicht über 600 Meter.

Diese Absenkung des Kabinendrucks verringert den Unterschied zwischen innen und außen. Der Flugzeugrumpf muß deutlich weniger Druckkräfte aushalten, das Blech darf deshalb dünner ausfallen. Würde man in größerer Flughöhe ein Maßband ansetzen und die gleiche Messung am Boden durchführen, wäre der Überdruck in der Kabine an Hand des sich vergrößernden Rumpfdurchmessers nachweisbar. – Ich versichere aber, daß dies in der Praxis keine Methode zur Ermittlung des Kabinendrucks ist.

Der Tower ist nur für Start und Landung zuständig

Jetzt stehen wir bereits dicht an der Startbahn und warten auf die Flugzeuge, die vor uns starten und landen. Eine Maschine ist bereits auf der Startbahn, eine andere

Rollen im Nebel – Orientierung mit Hilfe eines Lotsen

zwischen dieser und uns. Um die Passagiere zu informieren, meldet sich der Kapitän per Lautsprecher und sagt, daß es bis zum Start noch einige Minuten dauern wird. Er wünscht uns einen angenehmen Flug.
Ich vernehme ein grummelndes Geräusch. Das eben noch auf der Startbahn wartende Flugzeug setzt sich in Bewegung. Noch ehe es abhebt, rollt das vor uns stehende auf die Bahn.
Auch unser Flugzeug rückt etwas auf. Ohne ausdrückliche Erlaubnis durch den Kontrollturm rollt kein Flugzeug auf die Startbahn, ohne Erlaubnis startet und landet keines. Alle stehen mit dem Kontrollturm (*control tower*) in Funksprechverbindung. Alle? Nein, nur alle gerade startenden und landenden. Ist das Verkehrsaufkommen groß genug, werden den verschiedenen Bahnen unterschiedliche Funkfrequenzen zugeteilt. Obwohl das über Funk Gesprochene fast nur aus kurzen international üblichen englischen Fachwörtern besteht, wäre wegen Überlastung der Funkfrequenz ohne diese Teilung eine so dichte Folge von Starts und Landungen nicht ordnungsgemäß möglich. Auch für das Rollen (*taxiing*) zur Startbahn und nach der Landung zurück zur Parkposition haben große Flugplätze mehrere Funkfrequenzen. Hierzu sind ihre weitläufigen Flughafenbereiche geographisch aufgeteilt.
Der Kontrollturm, damit sind eigentlich die Fluglotsen in diesem Turm gemeint, koordiniert den startenden, landenden und rollenden Verkehr. Dank seiner exponierten Lage und den großen Fenstern da hoch oben sehen die Lotsen, was sie ordnen. Bei starkem Nebel müssen sie allerdings darauf verzichten. Gut ausgerüstete große Flughäfen haben auch dafür eine Lösung: ein spezielles Radargerät. Unmittelbares Beobachten kann ein solches Gerät aber nur teilweise ersetzen. Häufig kommt es zu Verzögerungen im Ablauf, weil Start- und Landefolge vergrößert werden.

Jetzt steht unser Flugzeug auf der Startgeraden. Was gleich ablaufen wird, passiert für die einen viel zu schnell und ist für die anderen hoffentlich bald vorbei. Mancher zeigt, wie spannend er das alles findet, andere verbergen ihre Unsicherheit. Bei den Vielfliegern ist der Unterschied zwischen Sichunsicher- und Sichheimischfühlen nicht eindeutig klärbar. Ich gehöre noch immer zu denen, die alles spannend finden. Draußen sehe ich die mehr und mehr dahinfliegende Landschaft, drinnen den routinierten Nebenmann, der gerade jetzt einen so packenden Artikel aus dem Wirtschaftsteil verschlingt, daß ihm jeder am Ende des Artikels seine Überraschung über das dann schon fliegende Flugzeug abnehmen wird.
Wenn ein Flugzeug auf der Startbahn steht und nicht startet, kann das viele Gründe haben. Wir jedenfalls stehen noch. Dabei laufen die Triebwerke im Leerlauf (*idle power*) leise vor sich hin. Bei dieser Boeing 737, kurz B737, sind es zwei. Die Bremsen an den Rädern sind jetzt angezogen. Im »Leerlauf« liefern die Triebwerke nämlich ausreichend Schub, um das Flugzeug bei leichtem Gewicht davonrollen zu lassen. Bei höherem Gewicht, das heißt viel Kraftstoff und viel Zuladung, muß man zum Anrollen etwas »Gas« geben. Führt der Weg nicht bergauf, rollen die meisten Flugzeuge danach mit ausreichender Geschwindigkeit. Es ist also egal, ob das Flugzeug hier auf der Startbahn wartet oder ob es rollt, der Kraftstoffverbrauch ist gleich. Dieser Leerlauf ist die kleinste mögliche Drehzahl, bedeutet den geringsten Verbrauch und somit den geringsten Schub.
Läuft ein Automotor zu langsam, würgt er sich selbst ab. Darum liegt seine Leerlaufdrehzahl mit beispielsweise 900 Umdrehungen pro Minute oberhalb der »Würgedrehzahl«. Auch bei einem Strahltriebwerk entstehen unterhalb einer bestimmten Drehzahl Funktionsprobleme. Die Leerlaufdrehzahl hält dazu selbstverständlich

einen respektablen Abstand. Andererseits muß diese Drehzahl möglichst niedrig liegen, wofür ein beachtlicher technischer Aufwand nötig ist. Abgesehen von dem sonst höheren Kraftstoffverbrauch müßte beim Rollen zum Aufrechterhalten der Geschwindigkeit stetig gebremst werden. Das aber darf nicht sein, die Bremsen würden sich zu schnell erwärmen. Übrigens: Im Fachjargon gibt es das Wort Strahltriebwerk nicht. Wir nennen es Triebwerk (*engine*) oder einfach Motor.

Es gibt keinen automatischen Start

Take Off! Frei übersetzt: Ab geht die Post! Es folgt eine scheinbar gleichbleibende Beschleunigung, bis das Flugzeug die Nase hochnimmt. Für diese kurze, aber sensible Phase gibt es selbst in den modernsten Flugzeugen keine Automatik im Cockpit. Von den Cockpitleuten wird große Aufmerksamkeit verlangt, um etwaige Störungen sofort zu erkennen und ihnen unverzüglich zu begegnen.
Diese B737 hat an jeder Tragfläche ein Triebwerk. Natürlich sind gerade in der Startphase beide gut »beschäftigt«. Das hört jeder, in den vorderen Reihen gut, in den hinteren besser! Gleich nach dem Abheben wird es mangels Reflexion des Schalls auf der Bahn ein wenig leiser. Wie laut wirklich alles abläuft, ist schwer zu sagen.
Hier ein zweifelsfrei nicht genauer, aber äußerst preiswerter Test zur Ermittlung der Lautstärke von Geräuschen. Halten Sie eine Hand so vor sich, als hätten Sie diese beim Suppelöffeln auf halber Strecke zwischen Teller und Mund angehalten. Nun reiben Sie Daumen und Zeigefinger mehr oder weniger fest gegeneinander, als wollten Sie per Zeichensprache etwas über »Geld« sagen. Erst im Vergleich mit anderen Aufenthaltsorten ist das Ergebnis aussagekräftig. Mir erschei-

nen, verglichen mit verschiedenen Passagiersitzen, viele Autos bei 130 Kilometern pro Stunde lauter. Auf meinem jetzigen Sitz jedenfalls ist diese »Zeichensprache« gut zu hören.
Jetzt ist es soweit. Unser Flugzeug nimmt mit genügend Tempo die Nase hoch und hebt ab. Klar, daß an dieser Stelle die Startbahn noch nicht zu Ende sein darf. Wie bei allen Bauteilen, Leistungen und Situationen: die Grenzen werden nicht ausgenutzt. So hat das Flugzeug lange vor dem Ende der Bahn auch mit den Hauptfahrwerken, den Hinterrädern, abgehoben.

Die Startbahn – zu Fuß eine Dreiviertelstunde

Ich weiß, daß diese Bahn vier Kilometer lang ist. Ein Fußgänger braucht für diese Strecke bekanntermaßen eine Dreiviertelstunde, wir werden das Bahnende noch vor Ablauf einer Minute überfliegen. Dazu war eine für uns Autofahrer vergleichsweise sportliche Beschleunigung vonnöten, bei der unter bestimmten Voraussetzungen auch die »Großen«, wie der Jumbo, die Boeing 747, mithalten können. Mögen einige der mit starken Motoren ausgestatteten Autos zwischen 0 und 100 Kilometer pro Stunde noch dabei sein, sie bleiben alle zurück, wenn es mit weiterhin hoher Beschleunigung über 100 Kilometer pro Stunde hinausgeht. (Zahlen hierzu finden Sie auf S. 124).
Über dem Ende der Bahn haben wir bereits eine stattliche Höhe erreicht. Diese Höhe ist je nach Wind und »Wetter« verschieden. Auch das Startgewicht des Flugzeugs hat großen Einfluß auf diese Höhe, und zwar auf dreierlei Weise: Zum einen beschleunigt ein schweres Flugzeug langsamer. Weiterhin braucht es eine höhere Abhebegeschwindigkeit, die den Rollweg deutlich verlängert. Schließlich steigt es danach auch noch langsa-

mer. Aber keine Sorge, der Gesetzgeber macht auch hier strenge Auflagen. Vor jedem (!) Start wird ausgerechnet, ob das Flugzeug unter Berücksichtigung der aktuellen Bedingungen die geforderten Sicherheitsbandbreiten einhält.

Eben schon ließ ein leichtes Rumpeln im Fußboden auf das Einfahren der vorläufig nicht mehr benötigten Fahrwerke schließen. Es ist ein gewaltiger technischer Aufwand erforderlich, um diese massigen Stelzen mit ihren Rädern sorgfältig zu verpacken. So strömungsgünstig wie möglich müssen sie dem Fahrtwind aus dem Wege gehen, denn der erzeugt den hinderlichen Luftwiderstand.

Das Bugfahrwerk ist verhältnismäßig klein. Sein Stauort unter dem Cockpit war von der Konstruktion her keine große Herausforderung – nicht so die Unterbringung der großen Hauptfahrwerke. Die dazu erforderlichen Aushöhlungen, im Schnittpunkt von Rumpf und Tragflächen, brauchen zu ihrer notwendigen Versteifung viel Material.

Nun ist alles bei der B737 unter Verschluß. Hydraulisch bewegt, wie die Fahrwerke selbst, haben Fahrwerksklappen fast alles dichtgemacht. Nur fast alles, weil dieser Flugzeugtyp eine Ausnahme macht. Jeweils der äußere Zwillingsreifen der Hauptfahrwerke schließt bündig, aber ohne Verschlußklappe, mit dem Flugzeugrumpf ab. Besonders strömungsgünstig wird die ganze Angelegenheit, weil dem noch sichtbaren Rad eine glatte Radkappe spendiert wurde.

Etwas ist bei allen Flugzeugtypen gleich: Das Bugfahrwerk klappt nach vorn ein. Seine Räder stehen weiterhin aufrecht. Die Hauptfahrwerke klappen quer zur Flugrichtung in den Rumpf. Ihre Räder liegen auf der Seite. Irgendwo unter zwei bis drei Sitzreihen.

Die manipulierbare Tragfläche

Welcher Flugzeugtyp es auch immer ist, über den Fahrwerksschächten sitzt man genauso bequem und warm wie auf anderen Plätzen. Schaut man aber von dort aus dem Fenster, so wird einem, wenn man die Landschaften bewundern will, manches vorenthalten. Der technisch Interessierte erkennt aber auch bei stärkstem Nebel sofort den Logenplatz. Ihm liegt aus nächster Nähe zumindest scheinbar die ganze Tragflächenwelt zu Füßen. Scheinbar, weil sich an der Tragfläche selbst viel regt und bewegt, obwohl der größte Teil ihres Volumens dem Kraftstoff zugeteilt wurde.
Noch ist die Tragfläche so groß, wie sich das für Start und Landung gehört. Unterstellen wir einmal, daß die Tragfläche zu dem Zweck erfunden wurde, dem Flugzeug Auftrieb zu geben, so starte ich den Versuch, auch dem Nicht-Aerodynamiker drei Tatsachen klarzumachen. Nämlich: Der Auftrieb ist um so größer, je größer die Tragfläche ist, je schräger sie gegen die Luft angestellt ist und je schneller das Flugzeug fliegt. Das haben wir doch alle schon erlebt, als wir die flache Hand aus dem Autofenster hinausgestreckt haben.
Um mit möglichst kurzer Start- und Landebahn auszukommen, sollte ein Flugzeug langsam fliegen können. Dann braucht es beim Start nicht so lange zu beschleunigen, und die nötige Rollstrecke wird kürzer. Ebenso ist es bei der Landung mit niedriger Geschwindigkeit. Der Bremsweg wird kürzer.
Meine Äußerung, daß die Tragfläche noch groß ist, läßt schon erahnen, daß ihre Größe manipuliert werden kann. Ist die Startbahn hinter einem verschwunden, wächst der Wunsch nach Tempo stetig. Und ist die Geschwindigkeit hoch, kann die Tragfläche klein sein. Mit dieser Kenntnis rausschauend, sehen Sie nun im Verlaufe der Reise, wie sich die Tragfläche an ihrer Hinterkante

zusehends verkürzt. Die Startklappen (*flaps*) werden von der Mannschaft im Cockpit nach strengen Regeln mit langsam steigender Geschwindigkeit eingefahren. Sind sie ganz eingefahren, hat der Flügel an seiner Hinterkante die für den Reiseflug ideale aerodynamische Form. Allerdings nur hinten. An der Vorderkante sind noch immer die Vorflügel (*slats*) ausgefahren. Sie verlängern die Tragfläche nicht nur nach vorn, sie geben ihr auch die notwendige Wölbform. Nur so konnten die jetzt bereits eingefahrenen Startklappen ihre Wirkung entfalten. Hat das Flugzeug, noch immer steigend, die erforderliche Geschwindigkeit erreicht, werden auch die Vorflügel eingefahren, und die Fläche ist »sauber« (*clean configuration*, wie es so schön heißt).

Die Tragfläche wird nach oben gesogen

Ob mit aus- oder eingefahrenen Startklappen und Vorflügeln, die Tragfläche ist immer in der Mitte dicker und nach oben gewölbt. Ohne Klappen und Vorflügel ist sie wenig gewölbt, mit Klappen und Vorflügel insgesamt mehr. Diese Wölbung bringt gegenüber einer brettähnlichen geraden Form den entscheidenden Vorteil für den Auftrieb. Die Tragfläche kann so wesentlich kleiner gebaut werden. Das Flugzeug wird leichter. Die Spannweite, von der einen Tragflächenspitze zur anderen, kann kürzer und die passenden Hallentore können schmaler sein.

Nehmen wir an, wir könnten sehen, wie während des Fluges die scheinbar heransausenden Luftpartikel auf die Tragflächenvorderkante prallen. An dieser Kante können sie nicht bleiben, weil hinter ihnen ja schon die nächsten kommen. So bleibt ihnen nur der Weg über die Tragfläche hinweg oder unter ihr hindurch, bis sie hin-

ten wieder zusammentreffen. Wegen der nach oben gewölbten und in der Mitte verdickten Tragfläche ist die Strecke, die die Luft von der Vorder- bis zur Hinterkante zurücklegen muß, auf beiden Wegen unterschiedlich lang. Wegen des Buckels ist der obere länger als der untere.
Betrachten wir zunächst den unteren Weg. Hier wird entgegen allen Erwartungen nur wenig zum Auftrieb beigetragen. Da die Tragfläche etwas schräg gegen die Luft angestellt ist, müssen die gerade anfliegenden Luftteilchen dieser unweigerlich ein wenig schräg nach unten ausweichen. Das machen sie nicht, ohne gegen die Fläche zu drücken, was eine Portion Auftrieb ergibt, aber nicht die entscheidende.
Nun betrachten wir den oberen Luftweg. Er ist der längere. Auch wenn die Strecke nur geringfügig länger ist, haben die Luftteilchen keine andere Chance, als zuzulegen. Die Geschwindigkeit, mit der sie über die Oberfläche streichen, ist größer als die auf der Unterseite. Auf Grund irdischer Gesetze wollen sie nämlich genauso schnell an der Hinterkante ankommen wie die untenherum fliegenden Luftteilchen.
Vor 250 Jahren, reichlich vor Baubeginn dieser Tragfläche, kam ein Mann namens Bernoulli dahinter, daß der Druck in der Luft immer abnimmt, wenn ihre Geschwindigkeit, wie hier, zunimmt. Hat durch dieses Phänomen der Druck über der Tragfläche abgenommen, so wird diese insgesamt nach oben gesogen – und da haben wir unseren Auftrieb. Der bringt's, und zwar gleich dreimal soviel wie das Drücken von unten.
Sie erinnern sich, die Klappen sind eingefahren. Wir haben schon die dichtbefahrene A67 überflogen. Noch helfen mir lokale Geographiekenntnisse. Mein Blick nach draußen wird mit dem von der Altrheinschleife eingeschlossenen und sich von der Umgebung grün abhebenden Kühkopf belohnt. Jeden Moment überfliegen

wir den Rhein Richtung Westen. Wir befinden uns noch im Steigflug. Die Sicht ist gut. Das Kraftwerk Biblis ist klar zu erkennen. Seine Türme erinnern an Figuren auf einem Schachbrett. Solange unser Flugzeug steigt, ist sein Auftrieb größer als sein Gewicht. Hier noch mal die drei Möglichkeiten, den Auftrieb zu erhöhen: Fläche größer machen, schneller fliegen oder Tragfläche schräger anstellen. Da die Klappen eingefahren sind und eingefahren bleiben, das Tempo »draußen« noch nicht beliebig erhöht werden soll, bleibt nur die Variante, Tragflächen mehr anstellen. Und da diese nicht ganz zufällig fest (!) mit dem Rumpf verbunden sind, bleibt nur, die Flugzeugnase hochzunehmen. Das ganze Gebilde hängt, von der Seite her gesehen, schräg am Himmel, geht jemand durch die Flugzeugkabine, so geht er nach vorn bergauf.
Ist die gewünschte Flughöhe erreicht, muß das Flugzeug die Nase wieder so weit herunternehmen, den Auftrieb so weit vermindern, bis es die Höhe gerade noch hält. Um von dieser Höhe nun aber nicht mehr abzuweichen, muß die Lage des Flugzeugs ständig in feiner Dosierung korrigiert werden. Diese Feineinstellung ist einzig und allein für uns Passagiere. Jede schnelle und größere Lageänderung würden wir als störend empfinden.

Der Autopilot hält Höhe und Richtung

Solange draußen »gutes Wetter« herrscht, wird der von Hand steuernde Flugzeugführer oder der Autopilot dies so gut machen, als wäre die Lage immer unverändert. Um es aber dem Menschen gleichzutun, braucht dieser Autopilot, nach dem die meisten Cockpitbesucher fragen, sehr viel Unterstützung. Viele Meßeinrichtungen bringen Regelsignale, die in ebenso vielen schwarzen Elektronikkisten (*black boxes*) verarbeitet werden, zu den Steuerungen. Der Autopilot, dem immer vollautomatisches Funktionieren nachgesagt wird, behält in seiner einfachen Betriebsart nach dem Einschalten ganz stur die momentane Höhe und Himmelsrichtung bei. Das macht er allerdings mit großer Sanftmut. Doch jede Höhen- und Richtungsänderung muß man ihm von Hand eingeben, denn das Ziel liegt nie genau geradeaus.

Neben der Höheneinstellung, die ich Ihnen noch genauer erklären werde, bedarf also auch die Flugrichtung einer Regulierung. Das funktioniert scheinbar wie im Auto. Dreht man das Lenkrad rechtsherum, fliegt das Flugzeug nach rechts und umgekehrt. Würden Sie aber den Dreh versuchen, er ginge augenblicklich schief. Im wahrsten Sinne des Wortes.

Wir nennen das Lenkrad nicht Lenkrad, sondern Steuerrad (*control wheel*). Es ist an einem, zumindest bei dieser B737, senkrecht nach unten führenden Rohr, der Steuersäule, befestigt. Dreht man beim Auto das Lenkrad rechtsherum, so kurvt das Auto so lange nach rechts, bis das Lenkrad wieder zurückgedreht wird. Je stärker das Lenkrad dabei eingeschlagen wird, desto sportlicher geht es um die Ecke.

Das gleiche machen wir nun im Flugzeug, aber bitte nur als geistiges Experiment! Wir drehen das Steuerrad nach rechts und halten es in dieser Lage fest. Das Flugzeug beginnt sich mehr und mehr nach rechts auf die Seite zu legen. Halten wir das Steuerrad weiterhin so ausgelenkt, dreht sich das Flugzeug immer weiter, bald auf den Rücken, dann wieder aufrecht, wie beim Kunstflug.

Beim Auto ist das Lenkrad unmittelbar mit den Vorderrädern verbunden. Ein Einschlag am Lenkrad führt das Auto direkt in die Kurve. Wie wir feststellten, proportional: je mehr Einschlag, desto schärfer die Kurve. Beim Flugzeug bewirkt das Drehen am Steuerrad eigentlich nur, daß sich das Flugzeug auf die Seite legt. Je mehr das Steuerrad ausgelenkt wird, desto schneller legt sich das

Flugzeug auf die Seite. Um diesen Vorgang nach Erreichen der gewünschten Schräglage zu stoppen, muß das Steuerrad wieder auf neutral zurückgedreht werden. Das Flugzeug behält dann ohne ausgelenktes Steuerrad jede beliebige Schräglage bei. Das Ergebnis dieses »Auf-die-Seite-Legens« ist das gewünschte mehr oder weniger schnelle »Um-die-Kurve-Fliegen«.

Mit Steuerrad auf neutral durch die Kurve

Unser Flugzeug hat den Rhein überflogen und biegt ab in nördliche Richtung. Folgen wir diesem Vorgang: Der Flugzeugführer dreht das Steuerrad leicht nach rechts und hält es in dieser gewünschten Lage fest. Leicht heißt, das Flugzeug dreht sich langsam nach rechts. Es kippt allmählich auf die Seite. Auf einem Instrument, dem »künstlichen Horizont«, ist die Lage genau abzulesen. Ist die gewünschte Schräglage erreicht, dreht der Flugzeugführer das Steuerrad wieder auf neutral zurück. Kurz vor Erreichen des gewünschten Flugkurses dreht er das Steuerrad aus dieser neutralen Stellung leicht nach links, und zwar so weit wie anfangs nach rechts. Damit dreht sich das Flugzeug genauso sanft wieder zurück in die aufrechte Lage. Ist sie erreicht, Steuerrad sanft zurück auf neutral. Fertig!
Bei dieser Lenkerei habe ich allerdings eine Kleinigkeit unterschlagen. Sie gehört zum rein fliegerischen Können eines Flugzeugführers: der angenehm sanfte Umgang mit den Steuerungen. Niemandem von uns Passagieren ist aufgefallen, daß das Flugzeug während unserer Rechtskurve an Auftrieb verloren hat. Unsere Steigleistung wäre also vorübergehend geringer geworden. Wären wir schon in unserer Reiseflughöhe, hätte der Höhenverlust des Flugzeugs für die Flugdurchführung nur geringe Bedeutung, aber wir sitzen nun

Der künstliche Horizont zeigt stets die Waagerechte – eine Rechtskurve (DC 10)

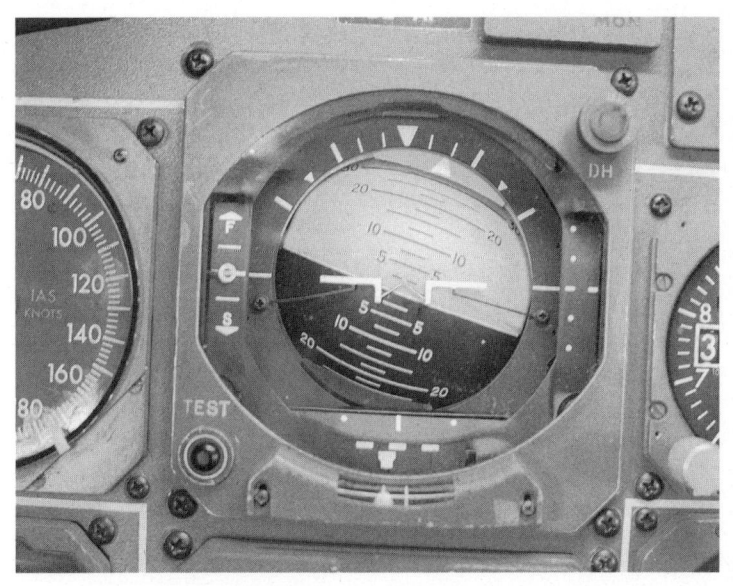

Flugzeug 18 Grad nach links geneigt und Flugzeugnase 2 Grad nach oben gerichtet

mal drin, bekommen jede Bewegung mit, und eigentlich mögen wir keine. Deshalb muß sie vermieden werden, wann und wo immer machbar.
Wie bereits erwähnt, sind die Tragflächen zuständig für den Auftrieb. Das können sie natürlich am besten richtig herum. Auf dem Kopf stehend, gäbe es in dieser Hinsicht Probleme. Auf der Seite, also senkrecht stehend, bringen die Tragflächen niemals Auftrieb. Physikalische Gesetze machen sich zum Glück selten ruckartig bemerkbar, und so hat man auch hier einen allmählichen Übergang eingebaut. Je schräger das Flugzeug steht (je schärfer die Kurve), desto weniger Auftrieb bleibt zum Beibehalten der Höhe. Mit Einleiten des Kurvenflugs muß der Flugzeugführer demnach auch mehr und mehr sein Steuerrad und damit die Steuersäule zu sich heranziehen. Mit dem Ziehen kann man das Flugzeug entweder steigen lassen oder am Sinken hindern. Das sieht einfach aus, denn das Steuerrad ist oben auf die Steuersäule montiert. Da der Flugzeugführer das Steuerrad ohnehin für das »Kurven« in der Hand hält, braucht er nur noch gleichzeitig wohldosiert an ihm zu ziehen.

Durch Ziehen gewinnt man Höhe

Beim Ziehen geht es mehr nach oben, beim Drücken mehr nach unten. Das ließe sich technisch auch umgekehrt einbauen, wäre für den Menschen aber sicher nicht eingängig genug. So wie bei allen Autos der Welt der Drehsinn des Lenkrads übereinstimmt, heißt es in allen Flugzeugen: Durch Ziehen gewinnt man Höhe! – Aber wie?
Zwischenzeitlich haben wir eine Wolkenschicht durchflogen, die sich durch leichtes Wackeln bemerkbar machte. Jetzt die wahnsinnig helle Sonne schräg von vorn. Sie strahlt auf die herrlich anzuschauende, knub-

belige Wolkenoberfläche, von der wir uns beim Aufstieg langsam entfernen.

Es war doch so: Das Drehen am Steuerrad bewirkt, daß sich das Flugzeug auf die Seite legt und dadurch eine Kurve fliegt. Steuerrad-nach-vorn-Drücken oder Zurückziehen bewirkt, daß das Flugzeug mit gesenkter Nase Auftrieb verliert und mit angehobener Nase hinzugewinnt.

Doch wie kommen diese Lageveränderungen zustande? Bewußt eingeleitete Gewichtsverlagerungen innerhalb des Flugzeugs könnten die gewünschten Veränderungen nicht erreichen. Sie wären viel zu schwerfällig und zu gering, obwohl sich prinzipiell bereits jede durch die Kabine gehende Person in der Stellung des Höhenruders niederschlägt.

Das angewandte Prinzip ist für alle Lageänderungen gleich. Hier zunächst das zum Kurvenfliegen nötige »Auf-die-Seite-Legen«. Dabei dreht sich das Flugzeug um seine Längsachse. Die Längsachse ist eine gedachte Achse, die von hinten nach vorn durch den Rumpf verläuft.

Der Trick ist so einleuchtend wie einfach: Ein kleines bewegliches Teil an der Tragflächenhinterkante nennt sich Querruder (*aileron*). Es ist so verstellbar, daß sich sein Anstellwinkel, das ist der Winkel gegenüber dem Fahrtwind, verkleinern oder vergrößern läßt, ohne daß sich das Flugzeug selbst dabei bewegen muß. Damit insgesamt ein Ausgleich entsteht, wird der Auftrieb auf der einen Tragflächenseite so weit verkleinert, wie er auf der anderen Tragflächenseite vergrößert wird. So sinkt eine Tragfläche ab, während die andere aufsteigt. Weil zum Glück Tragflächen und Rumpf zusammenhalten, bleibt dem Ganzen dann nur das Drehen um die Längsachse.

Flugzeuge und Zweiräder bewegen sich im Scheinlot

Das Flugzeug bekommt eine Schräglage (*bank*), die den Kurvenflug einleitet. Diejenigen, die das Glas immer randvoll haben, können sich glücklich schätzen: Alles läuft im sogenannten Scheinlot, das heißt, das Glas bleibt voll, und eine querliegende Wasserwaage würde weiterhin waagerecht anzeigen. Gegenstände oder Personen in Schräglage fallen trotz Erdanziehungskraft nicht um, weil sie von der Zentrifugalkraft überlagert wird. Die Zentrifugalkraft taucht immer als zusätzliche Kraft auf, wenn es um die Kurve geht. Um welchen Betrag genau sie einen aus der Kurve tragen will, lernen schon die kleinen Kinder beim Radfahren: in der Kurve im Scheinlot fahren oder absteigen.

Nun die Scheinlot-Abschlußprüfungsfrage: Sie haben ihren Platz gewechselt und sitzen jetzt hinten am Gang. Während das Flugzeug eine Rechtskurve fliegt, schauen Sie den Gang entlang und sehen einen Radfahrer, der auf diesem Gang gerade in Richtung Cockpit fährt. Neigt sich der Radfahrer mehr zur Linken oder zur Rechten? – Richtig! Er fährt scheinbar aufrecht, eben im Scheinlot. Genau wie das Flugzeug. Eine Rechtskurve! Zusatzfrage: Merkt der Radfahrer eigentlich, daß er eine Rechtskurve fährt? Immerhin muß er sich, ob der schmalen Gänge in Flugzeugen, scharf konzentrieren und kann nicht nach draußen schauen. – Zwar heben sich Zentrifugalkraft und Erdanziehungskraft bezüglich rechts und links gegenseitig auf, aber beide sind deshalb noch lange nicht verschwunden. Sie haben sich vereint und ziehen jetzt genau in Richtung des temporären »Unten«. Das Resultat ist mehr als die alltägliche Anziehungskraft unserer Erde. So wird der Radfahrer auch stärker auf seinen Sattel und alle Passagiere fester in ihren Sitz gedrückt.

Sollte das Flugzeug, was unüblich, aber noch lange nicht

gefährlich ist, eine so enge Kurve fliegen, daß es sich dafür um 60 Grad zur Seite legen muß, so würde sich das Gesamtgewicht des Flugzeugs auf das Doppelte erhöhen. Jede Hand und jeder Arm wären dann zweimal so schwer. Für den Unerfahrenen ein unangenehmes Gefühl. Da das alle wissen, einigte man sich im allgemeinen auf 25 Grad Schräglage. Auch Autopiloten beachten dies, weil sie »wissen«, daß die vorübergehende Gewichtszunahme bei 25 Grad gegenüber der bei 60 Grad nur etwa zehn Prozent beträgt!
So bleibt ehrlicherweise die Frage offen, ob der Radfahrer spürt, was er »erfährt«.

Höhen- und Seitenruder stabilisieren

Vor der Höhenrudererklärung das aktuelle Geschehen: Vor einigen Minuten bedeutete eine leichte Lageänderung das Erreichen der Reiseflughöhe oder zumindest, daß eine bestimmte Zwischenhöhe erreicht wurde. Das Flugzeug nahm dabei die Nase leicht herunter. Auch vorher war der Anstellwinkel trotz Steigflug nicht mehr sehr groß, weil die Geschwindigkeit des Flugzeugs gesteigert wurde und die dadurch bedingte Erhöhung des Auftriebs genügte.
Jedes Flugzeug besteht hinten aus mehr als nur dem Rumpfende. Auffällig große Flossen sind dort angebracht, die das Flugzeug ruhig und stabil fliegen lassen. Der senkrechte Teil ist die Seitenruderflosse, sie dient zur Stabilisierung des Geradeausfluges. Der waagerechte Teil ist die Höhenruderflosse, sie stabilisiert die Höhe. Um Einstellungen vornehmen zu können, sind an ihren Hinterkanten jeweils bewegliche Klappen angebracht, wie die Querruder an den Tragflächen.
Die Klappen an der senkrechten Seitenruderflosse (*fin*) nennen sich Seitenruder (*rudder*). Dieses Seitenruder

wird nur für sehr spezielle Aufgaben betätigt. Obwohl es ein unverzichtbarer Bestandteil der Flugzeugsteuerung ist, spielt es für die prinzipielle Erklärung des Fliegens keine herausragende Rolle.
Die Klappen an der waagerechten Höhenruderflosse (*stabilizer*) nennen sich Höhenruder (*elevator*). Sie waren es, die eben dem Flugzeug vom Steigflug in den Geradeausflug, den Reiseflug (*cruise flight*), verholfen haben. Sie klappten etwas nach unten und wirkten wie kleine Tragflächen, die mehr zur Flugrichtung hin angestellt wurden. Damit bekamen sie mehr Auftrieb und bewirkten so das Anheben des Hecks. Die Nase ging runter, und der Auftrieb an den Tragflächen ließ planmäßig nach. Auch hier drehte sich das Flugzeug um eine Achse, und zwar um seine Querachse. Die Querachse ist eine gedachte Achse, die von der einen Tragfläche durch den Rumpf bis zur anderen Tragfläche verläuft.
Auf unserem Flug hält die B737 ihre gewünschte Höhe. Das macht sie unmerklich, dank des ständig hauchfein korrigierenden Höhenruders. Und weil gleichzeitig noch das Querruder rastlos mitschaffen muß, wäre ein Flugzeugführer ohne Autopilot pausenlos beschäftigt. Zum Glück haben die Konstrukteure, lange bevor Flugzeiten von über 14 Stunden Fliegeralltag wurden, diesem Autopiloten das ordentliche Fliegen beigebracht. Ordentlich heißt, daß er nach dem Einschalten die momentane Höhe und Himmelsrichtung beibehält. Wie schon erwähnt, muß jede Höhen- und Richtungsänderung von Hand eingegeben werden. Richtungsänderungen können unter bestimmten Voraussetzungen während des Fluges programmiert werden. Moderne Flugzeuge können ihren Autopiloten sogar mit allen in ihrem Einsatzgebiet vorkommenden Flugrouten versorgen. Dann genügt ihnen die Vorgabe der Flugroute, die sich in der Regel aus vielen Richtungsabschnitten zusammensetzt.

Alltag bedeutet alles in Frage stellen

Wer nun meint, man könne einen Autopiloten sich selbst überlassen, vielleicht sogar für einen kurzen Augenblick das Cockpit verlassen, der irrt. Alle beteiligten Konstrukteure haben es nicht geschafft, die Ausfallsicherheit auch nur annähernd groß genug zu machen. Mit dem Ausfall des Autopiloten ist nicht nur gemeint, daß er nichts mehr tut. Dann müßte man zwar sehr schnell handeln, weil sonst die Steuerung sich selbst überlassen bliebe, aber viel problematischer ist es, wenn der Automat etwas macht, was er nicht soll. Damit das nicht passiert, braucht er eine Fülle von Daten, die ihm viele Quellen am und im Flugzeug liefern. Hierzu zapft er auch Flugzeugsysteme an, die wiederum verschiedene Eingangssignale verarbeiten. Doch auch die Signale, letztlich auch die manuell durch die Crew eingegebenen, können fehlerhaft sein. Daraus folgt zwingend die ständige audiovisuelle Begleitung des Autopiloten. Diese Art Begleitung hat das Attribut Argwohn.

Argwohn gehört zur Cockpitcrew. Alltag für die Crew bedeutet, alles in Frage zu stellen, was man sieht und macht, alles vor dem Handeln noch mal zu überdenken und andere Anzeigen oder Kriterien zum Vergleich heranzuziehen. Keiner darf allein entscheiden. Die meisten Alltagshandlungen werden vor ihrer Ausführung laut mitgeteilt. Ja, sogar Handlungen wie das Einfahren der Startklappen werden von dem steuernden Flugzeugführer bewußt nicht selbst durchgeführt, sondern angefordert. Damit kann der andere Flugzeugführer vor der Ausführung die Richtigkeit überprüfen. Der ganze Vorgang wird im Dreimanncockpit vom Flugingenieur beobachtet, der nach korrektem Bewegen der Klappen dies laut bestätigt. Jede Tätigkeit des einzelnen wird von den anderen im Cockpit überprüft und muß ihnen logisch erscheinen.

Erst fünf, dann vier, jetzt drei oder zwei

An dieser Stelle wird es Zeit, etwas über das Personal im Cockpit zu sagen. Die westliche Welt arbeitet in Verkehrsflugzeugen der Größenordnung B737 und größer mit zwei oder drei Besatzungsmitgliedern. Das dritte Besatzungsmitglied ist der Flugingenieur. In einem Cockpit mit Flugingenieur gibt es in der westlichen Welt keinen, in der östlichen noch vereinzelt den Navigator als vierten Teamkollegen. Daß bis nach dem Zweiten Weltkrieg auch noch ein fünfter, der Funker, dabei war, soll nur der Vollständigkeit halber erwähnt werden. Zu dieser Zeit gab es anstelle des Flugingenieurs den Mechaniker, der in der Tat auch fürs Schrauben zuständig war. Er wechselte während des Fluges Teile von vorübergehend stillgelegten Propellermotoren. Routinemäßig wuchtete er mittels großer Handräder die Start- und Landeklappen raus und rein. Er trug oft Arbeitshandschuhe und war der Mann fürs Grobe.
Diese Zeiten sind vorüber. Die heutigen Flugzeuge sind nach gänzlich anderen Prinzipien gebaut. Sie sind darüber hinaus erheblich komplizierter, und Laufstege zu den Motoren sind heute undenkbar, auf Grund der Bauart auch überflüssig. Versuchte man früher »nur« so sicher wie möglich zu bauen (*safe life*), so baut man heute nach dem Ausfallprinzip (*fail safe*). Fällt etwas Wichtiges aus, so ist die Übernahme durch andere Elemente konstruktiv sichergestellt.
Dabei gibt es zwei Arten des Ausfalls. Der eine läuft still und ohne Zutun ab. Der andere ruft nach Personal. Bricht eine Stütze im Gerüst von Rumpf, Trag- oder Steuerflächen, so wird deren Aufgabe durch andere Bauteile übernommen. Handanlegen ist dabei nicht erforderlich. Entstehen aber Fehler in den großen Systemen, wie in den Motoren und ihrer Kraftstoffversorgung, der Versorgung durch Hydraulik, Elektrik oder der nicht minder

Seit 40 Jahren die gleiche Nase (Boeing 707, 727, 737)

notwendigen Druckbeaufschlagung der Kabine, dann kann keine Automatik der Welt unter allen Bedingungen alles Notwendige veranlassen, geschweige denn, alles übernehmen. Auch in den modernsten Flugzeugkonstruktionen der letzten Jahre ist dies bisher nicht vollständig gelungen. Es kann nur automatisiert werden, was Konstrukteur und Programmierer bereits erfahren haben.

Vom Mechaniker zum Ingenieur

Der technische Wandel der »Mechaniker«-Flugzeuge bis in die 40er Jahre führte bald danach zu den »Flugingenieur«-Flugzeugen der 50er Jahre. Es wurde nicht mehr geschraubt, sondern geschaltet, gewissermaßen am laufenden Getriebe. Damit war die Flugingenieursarbeit vom unmittelbar fliegerischen Ablauf nicht mehr zu trennen. Von nun an war strenge Zusammenarbeit angesagt. Die Flugingenieure wurden in den fliegerischen Ablauf integriert. Sie übernahmen den ständig anfallenden, mittlerweile wesentlich aufwendigeren technischen Teil der fliegerischen Flugdurchführung. Abarbeiten technischer Störungen wurde zur Zusatzaufgabe.
Da die Tätigkeiten eines jeden Cockpitmitarbeiters von den anderen verstanden werden müssen, haben die Flugzeugführer neben ihrer fliegerischen Ausbildung technische Kenntnisse, genauso wie die Flugingenieure neben ihrem Studium eine ausreichende fliegerisch-theoretische Ausbildung erhalten haben. Auch wenn das unmittelbar handwerkliche Steuern eines Flugzeugs nicht dazugehört, so können sie es doch technisch detailliert beurteilen.
Flugingenieure spielen im normalen, fehlerfreien Fliegeralltag eine bedeutendere Rolle als allgemein ange-

nommen. Freigestellt vom unmittelbaren Steuern, haben sie von ihrem Platz in der Mitte hinter den Flugzeugführern einen hervorragenden Überblick über alle Instrumente. Den typischen Sitz im Halbdunkel weit hinten, mit festem Blick auf ein ominöses seitlich angebrachtes, lampenblinkendes Schaltbrett, wie in Filmen immer wieder zu sehen, gibt es nicht. Zwar hat der Flugingenieur, in Flugrichtung gesehen rechts, ein großes Schaltpult, das einer lückenlosen Aufmerksamkeit bedarf, aber deshalb noch lange nicht ständig fixiert werden muß.

In den 60er Jahren ging man bei neuentwickelten Flugzeugen daran, die Crew durch automatisch ablaufende Schaltungen von einigen immer wiederkehrenden Vorgängen handwerklich zu befreien. Das führte zu einer leichten Reduktion der Gesamtbelastung im Cockpit. So wurden in den 60er Jahren die McDonnel Douglas DC9 und diese B737 als Zweimanncockpit gebaut, auch wenn die verbleibende Arbeit für jedes der beiden Crewmitglieder größer wurde. Langstreckenflugzeuge haben notwendigerweise aufwendigere Systeme als Kurz- und Mittelstreckenflugzeuge. Deshalb waren die seit 1970 im kommerziellen Einsatz befindliche und bis 1991 gebaute Boeing 747-200 (»Jumbo«) und die modernere 1971 eingeführte McDonnel Douglas DC10 weiterhin mit einem Dreimanncockpit ausgerüstet.

Erst seit wenigen Jahren werden Neuversionen dieser beiden Langstreckenmuster (MD11 beziehungsweise B747-400) mit einem völlig neugestalteten Cockpit und hoher Automatisation als Zweimannflugzeuge angeboten. Da diese Flugzeuge aber länger fliegen können, als eine Crew arbeiten kann, werden für diese Zweimanncockpits wieder drei Mann, diesmal drei Flugzeugführer eingesetzt.

»Unser« Kurz- und Mittelstreckenflugzeug B737 fliegt in seiner Grundkonzeption nun schon viele Jahre mit einer

Zweimanncrew. Das hat sich bewährt. Kurze Flugzeiten ergeben für die Crew zahlreiche Flüge mit vielen Starts und Landungen. Viel Praxis und Erfahrung sind die Folge. Nächtliche, zeitverschobene Nonstopflüge mit weit über zehn Stunden Länge, wie auf der Langstrecke üblich, zehren nicht an ihrer Aufmerksamkeit. Auf dieser B737 führt ein Flugzeugführer 15 bis 20 Starts und Landungen bei doppelt soviel Flügen im Monat durch. Im Vergleich dazu sind es aber nur etwa zwei selbst durchgeführte Starts und Landungen auf einem »Zweimann-Jumbo« Boeing 747-400 mit drei Flugzeugführern als Besatzung. Das liegt an der wichtigen, bei jedem Flug wechselnden Rollenverteilung.

Der Copilot ist ein voll ausgebildeter Flugzeugführer

Obwohl der Kapitän zu jeder Zeit der Kommandant des Ganzen ist, tauschen die Flugzeugführer aus Übungsgründen von Flug zu Flug ihre Aufgaben. Dank der Doppelsteuerung geht das ohne Sitzplatzwechsel. Ob mit eingeschaltetem Autopilot oder manuell, jeweils nur einer betätigt die eigentliche Flugzeugsteuerung. Auf der modernen Langstrecke müssen sich drei statt zwei Flugzeugführer die raren Flüge teilen. Dabei spielen der immer manuell durchgeführte Start mit dem anfänglichen Steigflug und die auch meistens manuell durchgeführten Landeanflüge mit der anschließenden manuellen Landung für den Befähigungserhalt eine wichtige Rolle.

Das Steuern eines Luftfahrzeugs ist die auffälligste und ursprünglichste Arbeit der Flugzeugführer. Um sie handwerklich solide zu beherrschen, müssen sie viele Monate üben. Diese Befähigung stellt aber nur einen kleinen Teil der Ausbildung zum sogenannten Verkehrsluftfahrzeugführer dar. Ein Anwärter, in der Regel mit Abitur, bringt das nötige naturwissenschaftliche Verständnis mit, auf das aufbauend ihm in zweieinhalb Jahren so viel Theorie und Praxis vermittelt wird, daß er danach als Copilot, amtlich »zweiter Flugzeugführer«, auf einem bestimmten Flugzeugtyp eingesetzt werden kann. Ein Copilot ist ein voll ausgebildeter Flugzeugführer. Um »verantwortlicher Flugzeugführer«, sprich Kapitän, zu werden, schreibt der Gesetzgeber nach einer Mindeststundenzahl lediglich eine Einweisung auf dem linken Sitz vor. Renommierte Fluggesellschaften nehmen sich jedoch viele Monate Zeit, um den zukünftigen Kommandanten optimal auf seine Rolle vorzubereiten.

Ein solcher Schulungsaufwand zum Verkehrsluftfahrzeugführer ist nur für Flugzeuge über 2000 Kilogramm Gewicht erforderlich, das allerdings in der Verkehrsfliegerei leicht erreicht wird. Ein Jumbo bringt es auf fast 400 000 Kilogramm. Im Unterschied zu der einfachsten Lizenz für »kleine« Flugzeuge, der Privat-Piloten-Lizenz (*private-pilot-licence* – PPL), hat der Verkehrsflieger eines solchen Jumbos die Berechtigung, berufsmäßig Langstrecke zu fliegen. Navigiert der Flugzeugführer einer Privat-Piloten-Lizenz durch Blick aus dem Fenster, so kommt der Verkehrsflieger ohne Sicht aus. Er besitzt die Instrumentenflugberechtigung (*instrument flight rules-license, IFR-license*). Das ist ein großer Unterschied, der viel Ausbildungszeit verlangt.

Beim dritten Mann, dem Flugingenieur, sind lediglich Teile der Ausbildung mit der der Flugzeugführer vergleichbar. Sie mußten zum Erwerb ihrer Lizenz nach ihrem Fachhochschulstudium noch eine zweijährige, überwiegend theoretische Schulung absolvieren. Zwar hauptsächlich von Technik geprägt, beinhaltete sie aber auch die klassischen Fächer der Flugzeugführung wie Navigation, Meteorologie und Luftrecht sowie das »Allgemeine Sprechfunkzeugnis für den Flugfunkdienst« (AZF). Eine besonders lizenzierte Befähigung erlaubt es den Flugingenieuren, bestimmte notwendige Reparaturen am Flugzeug während der Bodenzeit zu organisieren, sie zu leiten und ihre Richtigkeit zu bescheinigen. Damit werden Pünktlichkeit und Wirtschaftlichkeit erhöht.

Wie der »Luftfahrerschein für Verkehrsluftfahrzeugführer« gilt der »Luftfahrerschein für Flugingenieure« nur für einen bestimmten Flugzeugtyp. Ein Wechsel des Typs erfordert für Flugzeugführer und Flugingenieure einige Monate Umschulung. Für beide Berufsgruppen gilt: Die erworbene Lizenz verfällt bereits nach einem Jahr, wenn sie nicht rechtzeitig durch Prüfungen erneuert worden ist. Das hält fit, auf Dauer!

Meine Gedanken werden unterbrochen. War aus Sicherheitsgründen der den Gang nach vorn zur Küche (*galley*) abtrennende Vorhang beim Start offen, wurde er vor Erreichen unserer Reiseflughöhe geschlossen. Die Passagiere bleiben trotz emsigen Werkelns in der Küche ungestört. Ungewollt ist vielleicht auch die Überraschung größer, wenn, wie in diesem Augenblick, von zwei Flugbegleitern der Vorhang beiseite gezogen und ein hoher Küchenwagen hereingeschoben wird. Auch auf diesem Flug findet das Austeilen von Mittagessen und Getränken statt, obwohl er zu den kürzesten gehört. Bei »Full House« geht es da zur Sache, und deshalb startet im hinteren Teil des Flugzeugs, aus einer eigenen Küche, eine zweite Küchenwagencrew.

Es besteht weitverbreitet Einigkeit darüber, daß man seinen Tisch selbst herunterklappt oder versucht, ihn herunterzuklappen. Ist vor einem noch eine Sitzreihe und befindet man sich nicht gerade in der ersten Klasse, wo die Sitzabstände dafür zu groß sind, klappt ein jeder seinen Tisch aus der Rückenlehne des Vordersitzes durch Drehen eines Knebels herunter. Steckt bereits die mitgebrachte Tageszeitung in der Sitztasche, tauchen die ersten Probleme auf.

Druckgußgelenke nur vom Feinsten

In der Reihe eins ist eine Wand vor mir. Deshalb klappe ich die ganze Bescherung aus der geöffneten Armlehne heraus. Hochziehen, Schwenken, Lehnendeckel zu, Umdrehen, Auseinanderklappen, Ziehen, Runterdrücken, Wundern. Alles ist einfach, wenn man es kennt. Zum Glück wird niemand dabei im Stich gelassen.
Die Herstellung durch einen bekannten deutschen Autosportsitzbauer ist aufwendig. Manches ist aus dem Vollen gearbeitet, gefräst sind die gewichtsparenden filigranen Versteifungen, Druckgußgelenke nur vom Feinsten, rostfreie Justierschrauben und Schienen, je nach Flugzeug und Ausführung mit zwölf zweisprachigen Farbfernseh- und sechzehn Stereohörprogrammen versehen.
Während mir das Tablett gereicht wird, ist die Wolkendecke unter uns ein wenig aufgerissen. Die Mosel schlängelt sich in dickbauchigen Omegas dahin. Alles spricht dafür, daß sie vor der Zeit der kurzen Wege erfunden wurde.
Wir jedenfalls fliegen im Augenblick ziemlich genau Richtung Brüssel, während ich das eiskalte Besteck auspacke. Es geht halt immer der Reihe nach, und so bekomme ich in meiner ersten Reihe aus dem Wagen ein Tablett der obersten Etage, das der darüber befindlichen Trockeneisfüllung am nächsten und heftigsten ausgeliefert war.
Vom Vielflieger bis zum Gelegenheitsflieger, alle genießen leise ihre Ortskenntnisse. Die Serviette finden sie unterm Besteck, manchmal, etwas schwieriger, unter der großen Schale. Das macht nichts, denn der beste Krümelfänger ist die (mit dem großen noch zu lesenden Artikel nach oben) auf dem Schoß liegende Tageszeitung.

Essen aus einer Handarbeitsfabrik

Während ich das Tablett erleichtere, denke ich an die Logistik, die nötig ist, um allein bei dieser Verpflegungsfirma einhundertfünfzigtausend Essen pro Tag zu fabrizieren. Vieles ist Handarbeit, und manches wurde wieder zur Handarbeit. So wird von den 600 Tonnen Butter pro Jahr der Teil für die Brötchen wieder liebevoll von Hand aufgestrichen.
Mache ich mir zu Hause ein Klappbrötchen, so drehe ich zu guter Letzt die obere Hälfte vorm Drauflegen so hin und her, daß Ober- und Unterhälfte wieder zusammenpassen. Das ist sicherlich übertriebene Ästhetik. Sollten Sie einmal bei einem Kurzflug im Selbstbedienungsregal des Warteraums ein solches sauber zurechtgerücktes Brötchen finden, dürfte das der Zufall überhaupt sein. Denn eine große Maschine schneidet die Brötchen und läßt die Hälften, immerhin brav nach Ober- und Unterhälfte getrennt, in einen großen Korb fallen, wo sie nun zu Hunderten zusammengewürfelt auf Butter und Belag warten, um danach, wohl niemals passend, wieder zusammengeklappt zu werden. Wie die Maschine übrigens vorm Aufschneiden erkennt, wo Ober- und Unterseite ist, bleibt ein Geheimnis.
Vieles auf dem Tablett ist und bleibt das Ergebnis von Handarbeit, auch der Klecks von Beerenmus auf dem Pudding. Wie viele Kleckse mögen es heute gewesen sein? Wer rupfte die Petersilie, und wie viele Hände der Frühschicht schnitten die Paprika?
Heute bin ich gut. Die beim Öffnen des Salatdressingdöschens fehlgeleitete kleine Portion kann ich von meinem Finger lecken, und aus der 2,5-Gramm-Kondensmilchdose entweicht lediglich ein kleines Tröpfchen in eine ungefährliche Richtung. Schlechtere Ergebnisse dürfen leider nur zu einem unbedeutenden Teil dem abgesenkten Kabinendruck zugeschrieben werden. Die nach dem

Füllen von Dressing, Milch und Joghurt in den Behältnissen verbleibende Luftmenge reicht nicht aus, um einen nennenswerten Überdruck zu erzeugen.

Ein Verkehrsflugzeug fliegt auch ohne Schub

Immer häufiger erlaubt der Himmel den Durchblick. Zeitweise sind die Dächer der Häuser grau, nun bekommen die Autobahnen Lichtmasten. Die Anschnallzeichen leuchten, unser Flugzeug verringert die Motorenleistung und nimmt zum Abstieg (*descent*) die Nase leicht nach unten. Wie weit die Motorenleistung reduziert wird, hängt von der Steilheit des Abstiegs ab. Es gibt ein kraftstoffsparendes Abstiegsprofil, aber Erfordernisse der Flugsicherung lassen diese erstrebenswerten Verfahren nicht immer zu. Die kraftstoffsparendste Variante ist bei den meisten Flugzeugen mit der Leerlaufdrehzahl der Motoren verbunden.
Nun kann es durch Anweisung der Flugsicherung vorkommen, daß der Abstieg spät und damit steil erfolgt. Muß rasch Höhe aufgegeben werden, würde das Flugzeug unerwünscht schnell werden, wenn es für diesen Fall keine Bremseinrichtung gäbe. Sie wirkt natürlich nicht über die Bremsen der Räder, dem Flugzeug muß viel mehr Luftwiderstand gegeben werden. Das Ausfahren des Fahrwerks wäre hierfür sicherlich wirkungsvoll, aber neben technischen Problemen rauh und laut für die Passagiere, obendrein noch schwer dosierbar. So sind, schön nebeneinanderliegend, auf der Oberseite der Tragflächen Klappen angebracht, die sich zum Bremsen, je nach Hebelbewegung im Cockpit, mehr oder weniger weit aufstellen. Natürlich sind diese Geschwindigkeitsbremsen (*speed brakes*) frühestens dann an der Reihe, wenn die Motoren bereits bis auf ihre Leerlaufdrehzahl zurückgenommen wurden.

Das alles bedeutet, daß ein Flugzeug noch lange nicht vom Himmel fällt, wenn seine Motoren keinen Schub mehr liefern. Der verbleibende Schub im Leerlauf ist, verglichen mit den üblichen Betriebswerten, sehr gering, so daß die Abstiegsrate etwa identisch ist mit der bei abgestellten Motoren. Abgestellt wird bei der Landung aber nichts, auch wenn der Vorgang auf diese Weise zweifelsfrei noch leiser abliefe.
Segelflugzeuge aus früherer Zeit hatten schlechtere Segelflugeigenschaften als heutige Verkehrsflugzeuge. Würde man bei dieser Boeing 737 in ihrer obersten Reiseflughöhe alle Motoren abstellen, könnte sie (steuerbar!) noch gut 160 Kilometer weit segeln. Das macht natürlich niemand, aber grundsätzlich wäre eine Landung ohne Motoren durchführbar. Für die Freaks bleibt noch die Frage, welches Flugzeug weiter segeln kann, das schwer beladene oder das leicht beladene? Die Antwort finden Sie auf unserem zweiten Flug.

Die Hydraulik ist das Mittel der Wahl

Hat man schon mal solche Riesenantriebsaggregate, so sollen sie auch mehr tun als nur das Flugzeug nach vorn schieben. Da sich ohnehin in den Triebwerken etwas dreht, bietet es sich an, Pumpen für Hydraulik und Generatoren zur Stromerzeugung anzutreiben. Außerdem läßt man nicht die gesamte vorn ins Triebwerk strömende Luft hinten schubbringend wieder heraus. Man zwickt an der günstigsten Stelle ab, was für die Klimatisierung der Kabine notwendig ist.
Auf der Suche nach leichten Antriebsmitteln für schwere Sachen unterlag bis heute die Elektrik der Hydraulik. Die leichtere Hydraulik fährt das Fahrwerk ein und aus und wird zur Bewegung der Flugzeugsteuerklappen wie Höhen-, Seiten- und Querruder eingesetzt. Dann sind da

noch die Geschwindigkeitsbremsen und die Startklappen, die auch die Landeklappen sind und deshalb eigentlich nur Klappen heißen. Fachdeutsch: Flaps.
Was ist denn nun Hydraulik? Pumpen drücken eine Flüssigkeit durch Rohre, die dann am Ende Arbeit verrichtet, vielleicht in einem Arbeitszylinder oder auch in einem Motor, einem Hydraulikmotor. Stellen Sie sich vor, Sie hätten ihre Fahrradluftpumpe mit der Öffnung, die Sie sonst gegen das Ventil drücken, über einen Schlauch mit dem Wasserhahn verbunden. Sobald Sie nun den Wasserhahn etwas aufdrehen, strömt Wasser in die Pumpe und drückt die Stange mit dem Griff heraus. Sie haben aus der Fahrradluftpumpe einen hydraulischen Zylinder gemacht. Zum richtigen Arbeitszylinder wird er aber erst, wenn Sie den Pumpengriff zum Beispiel gegen die Küchentür halten und diese sich dadurch bewegt. Mit etwas Phantasie könnte die Küchentür eine Höhen-, Seiten- oder Querruderklappe sein.
Der ganze Vorgang wäre (und das auch noch trockener) auch ohne Wasser gelaufen, wenn Sie die Pumpe wie eine Trompete geblasen hätten. Die Tür hätte sich dann vielleicht auch bewegt, aber pneumatisch, nicht hydraulisch. Da sich im Gegensatz zu Flüssigkeiten Luft zusammendrücken läßt, ist die genaue Verstellung von Klappen mit Hilfe der Pneumatik schwieriger als mit der Hydraulik.
Im Flugzeug, wie fast überall, dient als Flüssigkeit für die Hydraulik Öl. Es schmiert gut und läßt dem Rost kaum eine Chance. Den Öldruck erzeugen kleine Pumpen, die direkt am Triebwerk sitzen und von ihm angetrieben werden. Sie fabrizieren aus der Drehbewegung ihres Antriebs mit Hilfe kleiner Kölbchen in kleinen Zylindern einen Betriebsdruck von 200 bar – 200mal höher als der uns umgebende Luftdruck und etwa 100mal höher als der Druck im Autoreifen! Dieser Öldruck ist über Rohrleitungen an allen Stellen des Flugzeugs verfügbar, wo

er gebraucht wird. Bei Bedarf werden Ventile geöffnet, so daß Arbeitszylinder oder Motoren angetrieben werden können.

Verschiedene Hydraulikquellen

In jedem Verkehrsflugzeug sind zwei bis vier getrennte Hydrauliksysteme eingebaut. Eine häufige Bauart ist, jedes Hydrauliksystem mit zwei Pumpen zu versorgen. Mindestens eine der beiden wird direkt vom Triebwerk angetrieben, die andere eventuell pneumatisch oder elektrisch. Am Boden, bei abgestellten Triebwerken, stehen für ein oder zwei notwendige Hydrauliksysteme elektrisch betriebene Hilfspumpen zur Verfügung. Wie bei allen Flugzeugsystemen macht auch bei der Hydraulik erst das »Zubehör« das praxisgerechte System aus. Flugzeugsteuerklappen werden permanent von mehr als einem Hydrauliksystem versorgt. Alle Steuereinrichtungen und Ventile sind so ausgeführt, daß die Hydraulik auch bei Stromausfall nicht einfach ihren Dienst verweigert.
Sollte ein Motor nicht laufen und, eventuell verbunden mit einem anderen Fehler, das entsprechende Hydrauliksystem mangels Antrieb in die Knie gehen, dann gibt es Techniken, den Druck eines intakten Systems in das ausgefallene zu leiten. Denken Sie nicht: ein Ventil auf und fertig. Das wäre preiswert, aber unsicher. Bekäme ein System eine Leckage, wären gleich zwei betroffen. Die Lösung ist aufwendiger. Ein Hydrauliksystem treibt einen Hydraulikmotor an, der seinerseits eine Hydraulikpumpe antreibt. Diese Pumpe ist dann der Lieferant für das ausgefallene System.
Je nach Flugzeugtyp ist noch ein weiteres Zubehör vorhanden, eine Art Extremzubehör. Es könnte der äußerst unwahrscheinliche Fall eintreten, daß alle Moto-

ren gleichzeitig ausfallen. Kaum vorstellbar, aber vielleicht haben sich alle Motoren gleichzeitig an hochfliegender Asche des gerade ausgebrochenen Mount Pinatubo verschluckt. Bis zu ihrem Wiederanlassen im Flug kann ein aus dem Rumpf oder der Tragfläche geklappter Hilfspropeller aushelfen. Vom Fahrtwind bewegt, treibt dieser Hilfspropeller je nach Flugzeugtyp entweder eine Hydraulikpumpe oder einen Generator an, der eine elektrisch betriebene Hydraulikpumpe versorgt.

Diese B737 hat keinen dieser fahrtwindgetrieben Generatoren, ist deshalb aber nicht unsicherer. Bei ihr baute man zunächst zu der hydraulischen Steuerung als Hilfssystem eine zusätzliche manuelle Steuerung (*manual back-up*) ein. Da diese Zusatzeinrichtung »schwer wiegt«, ging man bei späteren Konstruktionen zu aufwendigeren Hydrauliksystemen über, die, je nach Ausführung, als letztes Mittel diesen herausklappbaren Hilfspropeller einsetzen.

Das allerletzte Mittel soll nicht unerwähnt bleiben: ein »stehengebliebener Motor« ist auch dem Fahrtwind ausgesetzt und wird unter normalen Bedingungen von diesem noch immer so weit auf Touren gehalten, daß seine angeschraubten Hydraulikpumpen weiterhin genügend Druck für die Steuerung liefern können.

Vom Befehl zur Bewegung

Lassen Sie mich das Öldruckwirken der Hydraulik am Beispiel eines Kurvenfluges erklären. Dreht ein Flugzeugführer sein Steuerrad ein wenig rechtsherum, so übertragen bei älteren Flugzeugen Stahlseile, bei moderneren Elektroleitungen den Steuerbefehl zu verschiedenen Steuerventilen, die so lange – und das geht sehr schnell – Hydrauliköl zu Zylindern durchlassen, bis diese eine dem Steuerrad entsprechende Verstellung von Klappen erreicht haben. In unserem Beispiel soll eine Rechtskurve eingeleitet werden. Dafür laufen mehrere hydraulische Steuervorgänge gleichzeitig ab. Zunächst muß sich das Flugzeug um seine Längsachse nach rechts drehen. Die rechte Tragfläche sinkt ab, die linke steigt. Das funktioniert bekanntermaßen nur, wenn die rechte Tragfläche weniger Auftrieb bekommt als die linke. Um das zu erreichen, steuert ein Ventil die Querruderklappe auf der rechten Tragfläche so an, daß ein Arbeitszylinder diese mehr nach oben drückt. Damit erzeugt sie nicht mehr soviel Auftrieb oder, noch höher geklappt, sogar Abtrieb. Der Gesamtauftrieb an der rechten Fläche reduziert sich. Die Tragfläche sinkt ab.

Damit der Rumpf nicht auch absinkt, sondern sich nur dreht, muß die linke Tragfläche zum Ansteigen gebracht werden. Daher steuert ein weiteres Ventil links die Hydraulik so zum Arbeitszylinder ihrer Querruderklappe, daß diese mehr nach unten klappt. Dieses Querruder steht nun schräger im (Flug-)Wind, erzeugt so mehr Auftrieb, und die Tragfläche steigt.

Jetzt hätte die Hydraulik alles für die Einleitung des Kurvenfluges getan, wäre da nicht der Wunsch, das Flugzeug auch einmal besonders schnell auf die Seite zu legen. Vielleicht möchte der Flugzeugführer aber auch durch kurzzeitiges, aber weites Auslenken des Steuerrads die Querlage des Flugzeugs korrigieren. Um eine über ein bestimmtes Maß hinausgehende Rollrate zu erreichen, läßt man oben auf der absinkenden Tragfläche mehrere nebeneinanderliegende Klappen heraus. Wie weit sie hochklappen, hängt davon ab, wie weit der Flugzeugführer, es kann auch der Autopilot sein, das Steuerrad gedreht hat. Sie kennen diese badehandtuchgroßen Klappen bereits als Geschwindigkeitsbremsen, jetzt werden sie als Spoiler eingesetzt. Eine Menge Ventile steuern viele dieser auf der Tragfläche befindlichen Spoiler. Alles das wird von Hydraulik angetrieben.

Wer nun direkt über der Tragfläche sitzt, wird zwar, was den Ausblick angeht, nicht bevorzugt, vielleicht aber mit dem Blick auf die gelegentlich herausklappenden Spoiler bei Laune gehalten. Auf jeden Fall kann er das stete, geringfügige Auf und Ab des Querruders beobachten, durch das das Flugzeug beim Geradeausflug ständig auf Kurs gehalten wird. Normalerweise sind diese Ausschläge im Reiseflug so gering, daß auf die Mitarbeit der Spoiler verzichtet werden kann. Sie bleiben glatt in ihrer Tragflächenoberseite liegen. Im letzten Teil des Landeanflugs kann man sie häufiger bei kurzen, aber größeren Querruderausschlägen beobachten.

Auch wer ein paar Reihen weiter vorn oder hinten am Fenster sitzt, kann Querruder und Spoiler arbeiten sehen. Ganz vorn im Rumpf muß sich der Gast mit der Wirkung begnügen, die auch auf Mittelplätzen fühlbar ist. Auf der Seite, wo der Blick des Herausschauenden vom Horizont auf den Boden fällt, sinkt die Tragfläche ab. Das tut sie, weil dort das Querruder auftriebsvermindernd nach oben gerichtet ist. Wird die Kurve schnell eingeleitet, sind auch die Spoiler mit hochgeklappt.

Viele der großen Flugzeuge haben an jeder Tragflächenhinterkante zwei Querruder, eins im mittleren Bereich, eins weiter außen an der Tragflächenspitze. Bei hohen Geschwindigkeiten im Reiseflug ist nur das mittlere aktiv. Bei Langsamflug, der Start- und Landephase, wird das äußere automatisch zugeschaltet. Es hat eine größere Hebelwirkung, so daß das Flugzeug auch bei niedrigen Geschwindigkeiten gut manövrierbar bleibt. Dank dieser Einrichtung (*outboard aileron*) kommt auch der ganz hinten sitzende und nur das äußere Ende der Tragfläche sehende Gast zu »seinem Querruder«. Je weiter die Klappen ausgefahren werden, um so mehr arbeitet das Außenquerruder mit.

An dieser Stelle einen Dank an die zahlreichen Autofahrer, die an ihrem Wagen ein sportliches Outfit schätzen.

Denn mein Versuch, weitgehend deutsche Begriffe zu verwenden, scheiterte an dem Wort Spoiler. Störklappe wäre sachlich, Kurvenflugunterstützungsklappe treffender, aber zu holprig. Da aber das Wort Spoiler sehr geläufig ist, soll es auch hier Verwendung finden. Es bleibt schwer genug zu verstehen, daß diese Klappen einmal als Spoiler und das andere Mal als Geschwindigkeitsbremsen wirken. Als Spoiler kommen sie immer nur auf einer Seite heraus, als Geschwindigkeitsbremsen dagegen auf beiden Seiten zugleich.

Was aber, wenn die Geschwindigkeitsbremsen ausgefahren sind und das Flugzeug beim Einleiten einer Kurve auch noch auf seine Spoiler zurückgreifen will? Hierfür gibt es eine aufwendige mechanische Einrichtung, einen Spoiler-Mixer, der die gerechte Regelung mit vielen kleinen Hebelchen vornimmt, indem er, wie in der Mathematik üblich, addiert, subtrahiert, multipliziert, vielleicht sogar differenziert und integriert. Erst das »Hebelresultat« reist dann als Verstellgröße über Stahlseile weiter zu den hydraulischen Steuerventilen der Spoiler.

Fly by wire

Flugzeuge der neuen Generation bewegen ihre vielen Klappen und Ruder ebenfalls mit Hydraulik. Jedoch die Ansteuerung der Hydraulik wird größtenteils nicht mehr über Stahlseile geführt. Elektroleitungen übertragen Impulse von Computern, die die Steuerventile der Hydraulik zur richtigen Reaktion anregen. Dazu muß allerdings zunächst einmal jeder diesbezügliche Wunsch des Flugzeugführers und des Autopiloten vom Computer erfaßt werden. Dreht ein Flugzeugführer am Steuerrad – die neueren Flugzeuge der Firma Airbus haben nur noch ein kleines, seitlich angebrachtes Steuerknüppelchen (*side-stick*) –, wird bei den »elektrischen« Flugzeu-

gen diese Bewegung elektronisch abgetastet und über eine Elektroleitung in einen Computer gesendet. Das Schlagwort ist »fly by wire«: Steuern über elektrische Kabel. Dieser Steuercomputer hat die Pflicht, Daten nicht lange für sich zu behalten, sondern sie augenblicklich an die entsprechenden Adressen, in diesem Beispiel an die zwei bis vier Querruder und Spoiler beziehungsweise Geschwindigkeitsbremsen weiterzuleiten.
Die Wirkung an den Klappen und Bremsen ist die gleiche wie bei der Stahlseilübertragung. Dank seiner Schnelligkeit kann ein Computer jedoch Daten vor dem Weitersenden verändern. Ein Beispiel für sein Können ist der Spoiler-Mixer. Ohne komplizierte Hebelmechanismen zu bemühen, kommt er zu demselben Ergebnis. Solch eine Regelung durch die Arbeit eines Computers zu ersetzen gehört auf den ersten Blick zu den einfacheren Aufgaben eines Programmierers. Viele Computerbesitzer, die die Programmiersprache Basic beherrschen, können so etwas. Sehr viel schwieriger wird das Programmieren solcher Funktionen, wenn in die Regelung alle denkbaren Grenzwerte und Eventualitäten mit eingebaut werden, wenn Fehlverhalten der Regelung selbst oder Fehler anderer Systeme bei der Übertragung Berücksichtigung finden sollen oder auch müssen. Hier stößt die heutige Programmiertechnik an Grenzen, die man vor vielen Jahren nicht für möglich gehalten hat.
Sicherlich fragen sich die Computerfreaks unter den Lesern schon längst, warum die Bäuche heutiger Flugzeuge noch nicht durchcomputerisiert sind, wo doch zu Hause auf dem Heimcomputer Flugsimulatoren auch zufriedenstellend laufen. Sie fragen zu Recht, denn bei modernen Flugzeugen werden ein Großteil der Kraftstoffregelung und sogar eine wichtige Regelung der Stromversorgung noch immer mechanisch ausgeführt.

Das Problem ist, daß plötzlich ein Fehler im Programmablauf auftauchen kann, der – weil unbekannt – noch keine Berücksichtigung finden konnte. Und wegen der unzähligen Verknüpfungsmöglichkeiten ist man auch nicht in der Lage, alle denkbaren Konstellationen eines solchen Programms zu erproben. Die Programme sind so umfangreich, daß selbst während eines jahrelangen Betriebs nicht alle Kombinationen vorkommen werden. Mitte der 70er Jahre war man bezüglich der Weiterentwicklung der Computer- und Programmiertechnik so euphorisch, daß man meinte, die in den 80er Jahren gebauten Flugzeuge würden komplett über Computer gesteuert werden. Das ist bis heute nicht gelungen.

In zwei bisher nicht ausreichend beherrschbaren Bereichen können Fehler entstehen. Der eine Bereich ist die Software mit den möglichen Fehlern im speziell für diese Anwendung hergestellten Programm. Der andere Bereich ist die Hardware. Das Herz eines jeden Computers, die Hauptschaltstelle (*central processing unit* – CPU), ist ein einziges Bauteil. Darin geht es dermaßen kompliziert zu, daß nur wenige auf der Welt so etwas herstellen können und niemand – auch nicht der Hersteller – sicher ist, was zu jedem Zeitpunkt darin passiert.

Nun sind aber in Flugzeugen, wie im Airbus A320, A330 und A340, durchaus Computer eingebaut, die vor allem für so wichtige Sachen wie die Steuerung zuständig sind. Um das damit einhergehende Risiko zu minimieren, bediente man sich eines Tricks: Grundsätzlich laufen zwei Computer parallel. Das Programm des einen Computers hat die Softwareabteilung im ersten Stock geschrieben, das des anderen die im Parterre. Abgucken war verboten. In den Computern ist die eine CPU von der Firma Pintel und die andere von Plomporola. Daß beide Computer an derselben Stelle ausfallen können, was höchst unwahrscheinlich ist, wird in Kauf genommen.

Concorde – Überschallflugzeug der einzigen Art

Doch glauben Sie bitte nicht, dadurch im Flugzeug einem besonderen Risiko ausgesetzt zu sein. Das lebensnotwendige Teil an der Vorderradaufhängung eines schnellen Autos hat ebenfalls eine berechnete Ausfallwahrscheinlichkeit. Vorhanden ist es aber nur einfach (*safe life!*), nicht doppelt (*fail safe!*).

Vor diesem Hintergrund ist es fast unglaublich, daß das Überschallflugzeug Concorde bereits 1963 auf dem Reißbrett mit »fly by wire«, dem Steuern nur über elektrische Kabel, fertig war. Dem damaligen Stand der Technik entsprechend, lief alles über sogenannte analoge Computer, die, bezüglich ihres Fehlverhaltens, mit den heutigen digitalen Computern schwer zu vergleichen sind. Daß man sich in früher Zeit an eine solche Konstruktion heranwagte, das Flugzeug baute, welches auch heute noch betrieben wird, ist einer Besonderheit zu verdanken. Die Concorde kann bei Totalausfall aller Computer und Systeme noch manuell über Drahtseile gesteuert werden.

Das Konstruktionsprinzip des manuellen Notsystems ist heute nicht mehr nötig und auch nicht mehr denkbar. Es würde viel zuviel Gewicht mitfliegen. Und ein wichtiges Argument für »fly by wire« wäre dahin, hätten die heutigen Steuersysteme nicht die nötige Sicherheit, um gewissermaßen allein arbeiten zu können. Ihre Sicherheit gewährleistet nicht zuletzt eine zuverlässige Versorgung mit Elektrizität. Denn die Sache läuft nur, solange der Computer Strom hat.

Schier unzählige Kabel

Deshalb hier eine Beschreibung der Stromversorgung. Dabei werden wir unseren Flug nicht aus den Augen verlieren. Noch fliegen wir in den Wolken, und die Anschnallzeichen mit »... wir bitten Sie, sich wieder anzu-

schnallen« sind eingeschaltet, aber die spannende Landung läßt noch auf sich warten.
In allen heutigen Verkehrsflugzeugen ist die elektrische Stromversorgung ein Riesensystem. Bis in die letzten Winkel von Rumpf und Tragflächen reicht das Geäst unzähliger elektrischer Leitungen. Ihre Gesamtlänge in Kilometern wird gerne als Besonderheit gehandelt, besonders dann, wenn der Vergleichsmaßstab fehlt. Aber dennoch: Große Flugzeuge sind über 50 Meter lang. Führt über diese Länge auch nur ein einziges 20adriges Kabel, ergibt das schon einen ganzen Kilometer Kupferleitung. Es laufen aber unzählige Kabel so kreuz und quer, als sollten sie das Flugzeug zusammenhalten. Und jedes Kabel hat seine Aufgabe. Um sie alle mit Leben zu erfüllen, bedarf es einer sicheren Stromversorgung. Deren aufwendiger Aufbau erlaubt es auch bei fehlerhaft arbeitendem System die Versorgung aufrechtzuerhalten. Erst bei ganz besonders gewichtigen Fehlern werden automatisch Prioritäten gesetzt, und es wird nur noch das Wichtigste versorgt.
Kein Segelflugzeug kommt heute ohne Funksprechgerät aus. Schon dafür braucht es Elektrizität. Da sich im Segelflugzeug nichts dreht, von dem ein Stromgenerator etwas abbekommen könnte, bleibt nur die Batterie. Sie ist auch die leichtere Lösung. Einmotorige Flugzeuge dagegen stellen den Strom für ihre Zündung schon selbst her. Daneben kann auch noch ein Generator eingebaut sein, der zur Sicherheit eine aufladbare Batterie speist, einen Akkumulator, kurz Akku. Damit steht jederzeit, am Boden wie in der Luft, Strom für Anlasser und Zündung des Motors zur Verfügung.
Was am Fahrrad der Dynamo, ist im Auto und Flugzeug der Generator. Sie funktionieren wie die Riesengeneratoren in Kraftwerken. Alle sind Stromerzeuger, und alle arbeiten nach dem gleichen Prinzip. Ihr Produkt ist immer Strom. Nach dem ehernen Gesetz »von nichts

kommt nichts« müssen die Generatoren angetrieben werden. Im Flugzeug erledigt das der Motor, der in der Hauptsache das Flugzeug vorwärts bringen soll, nebenbei. In dieser Boeing 737 sind das die Strahltriebwerke. Zwei Triebwerke, zwei Generatoren! Der dritte Generator hängt an der Hilfsgasturbine. Er arbeitet normalerweise nach der Landung, wenn die Triebwerke ausgeschaltet sind und dafür die APU eingeschaltet ist.

Was in der Steckdose wartet, ist nicht immer identisch

Ständig brauchen wir Strom, zahlen für ihn, haben ihn aber noch nie gesehen, höchstens gefühlt. Erst im Urlaub sinnieren wir manchmal über die Unterschiede, denn die Elektrizität, die in der Steckdose wartet, ist nicht immer gleich.
Auf der Welt gibt es die verschiedensten Steckdosen, doch was rauskommt, ist, wenn auch nicht identisch, so doch ähnlich. Unsere Stromspannung von 230 Volt (V) und die fast gleichen 240 Volt sind weit verbreitet. Konkurrenz macht da fast nur noch die Spannung von 100 beziehungsweise 110 Volt. Obwohl nur halb soviel, haut auch sie, unter den richtigen Umständen angefaßt, jedermann endgültig um. Erst bei etwa der halben Spannung wird es für den Menschen ziemlich ungefährlich. Deshalb hat das Telefon nicht über 60, und die elektrische Modelleisenbahn höchstens 24 Volt. Und weil die Deutsche Bahn AG mit 15 000 Volt in der Oberleitung umherfährt, sind die Cowboys, die während der Fahrt schießend auf den Waggondächern herumliefen, bei uns ausgestorben.
Je höher die in Volt gemessene Spannung, desto höher der Druck in der Stromleitung, und um so leichter fließt der Strom auch durch weniger gute Leiter, wie uns Menschen. Was unseren Körper stört, ist allerdings nicht die

Höhe der Spannung, sondern die ihn durchströmende Menge, also die Stromstärke.

Führt man mit einem Stück Kabel oder einer aufgeklappten großen Schere den Pol einer typischen Taschenlampen- oder Kassettenrecorder-Batterie (sie hat 1,5 V) dicht neben den anderen und berührt dann gleichzeitig beide Pole mit der Zunge, kann man Strom schmecken (und weiß, daß noch »was drin ist«). Bei der landläufigen kleinen Neun-Volt-Batterie ist dies ohne Hilfsmittel möglich, weil die beiden Pole dicht nebeneinander liegen. Wegen der höheren Spannung fließt ein höherer Strom. Das Kribbeln an der Zunge ist deutlicher zu spüren.

Der Strom nimmt mit steigender Spannung aber nur so weit zu, wie der Lieferant zu liefern imstande ist. Die Steckdose kann, gemessen an der uns gefährlich werdenden Stromstärke, unendlich viel liefern. Dabei ist es völlig egal, welche Sicherung am Zählerkasten reingeschraubt wurde. Bekommen wir aber beim Aussteigen einen elektrischen Schlag an der Autotür, dann sind zigtausend Volt im Spiel. Aber der Lieferant, die »statische Aufladung«, kann zum Glück nur eine ganz eng begrenzte Menge liefern.

Um nun noch mit dem Rest der »Unheimlichkeit« des Stroms aufzuräumen, eine Richtigstellung: Daß Strom so schnell wie das Licht ist, daß er demnach 300 000 Kilometer (siebenmal um die Erde oder nahezu einmal bis zum Mond) pro Sekunde zurücklegt, ist falsch. Es scheint nur so. Ist ein Gartenschlauch bereits mit Wasser gefüllt, kommt praktisch ohne Verzögerung nach dem Öffnen des Hahns Wasser heraus. Das Quentchen, das den Wasserhahn beim Öffnen passierte, erzeugte nur den notwendigen Druck für das Herauslaufen des Wassers am anderen Schlauchende.

Genauso verhält es sich mit dem Strom. Alle Stromkabel sind schon immer voll mit »Strom«. Es sind die freien

Elektronen, die sich in den Kupferkabeln herumlümmeln. Diese Elektronen kommen leicht ins Fließen, wenn sie geschoben werden. Dazu müssen auf einer Seite des Kabels ständig freie Elektronen nachgestopft werden. Dieses Nachstopfen führt in unseren häuslichen Stromkabeln zu einer Fließgeschwindigkeit in der Größenordnung von 0,04 Millimetern pro Sekunde. Mehr nicht! Schalten Sie im Auto die Beleuchtung ein, brauchen die gerade den Schalter passierenden Elektronen fast einen ganzen Tag, um am roten Rücklicht anzukommen.
Bei der Hydraulik liefern die Pumpen, beim elektrischen Strom sorgen die Spannungsquellen für den nötigen Druck. Man nennt den Druck Spannung. Spannung liefern Batterien, Akkumulatoren, Generatoren oder, weniger brauchbar, die Blitze eines Gewitters. Klar, daß das bloße Anliefern der Spannung nicht ausreicht. Ist ein Verbraucher angeschlossen, zum Beispiel das Licht eingeschaltet, muß die Spannungsquelle auch noch etwas leisten. Ist sie für die Leistung zu schwach, reagiert sie mit sinkender Spannung. Damit fließt weniger, und das Licht wird dunkler. Das kennen Sie von schwächer werdenden Taschenlampenbatterien.
Im Physikunterricht wird die Sache mit der Stromspannung gerne mit Hilfe einer Wasserleitung erklärt. Die Stromspannung ist mit dem Druck in der Wasserleitung zu vergleichen. Wenn es Ihnen gelingt, bei Ihrem ganz wenig aufgedrehten Wasserhahn den Auslaß mit dem Daumen zu verschließen, dann schaffen Sie es auch bei ganz aufgedrehtem Hahn. Der Druck auf den Daumen ist immer gleich. So verhält es sich auch mit der Stromspannung. Sie liegt bei einem dünnen Kabel genauso stark an wie bei einem dicken Kabel. Erst wenn der angeschlossene Verbraucher viel Strom verbraucht und in dem dünnen Kabel viel Strom fließt, zeigt sich, daß es nicht soviel durchlassen kann. An seinem Ende sinkt die Spannung, und es erwärmt sich.

Bewußt in den Stromkreislauf zwischengeschaltete Stückchen dünner Drähte sind die üblichen Schmelzsicherungen, wie sie zum Beispiel im Radio und Auto eingebaut sind. Ist der Strom zu hoch, wird das Drahtstück zu warm. Es schmilzt, und das Ziel ist erreicht: Der Strom ist unterbrochen.

400 Hertz sparen Gewicht

Nun die Eckwerte der Flugzeugelektrik: Primär besteht die Stromversorgung aus Wechselstrom mit 115 Volt Spannung und einer Frequenz von 400 Hertz (Hz). Im Gegensatz zum Gleichstrom, bei dem der Strom immer durch den einen Pol der Leitung zum Verbraucher und danach durch den anderen Pol wieder zurückgeführt wird, fließt dieser Wechselstrom pro Sekunde vierhundertmal in die eine Richtung und vierhundertmal in die andere Richtung. Dabei wechselt er achthundertmal in der Sekunde seine Richtung. Zum Vergleich: in deutschen Steckdosen 100mal (50 Hz), in den USA 120mal (60 Hz). Der größte Vorteil dieses Hin und Her liegt in der Möglichkeit, Spannung mit Hilfe von Transformatoren größer oder kleiner zu machen. Transformatoren funktionieren nur mit Wechselstrom. Durch die ungewöhnlich hohe Frequenz von 400 Hertz im Flugzeug können die Transformatoren und Elektromotoren kleiner sein. Das spart Gewicht.
Nach der Erklärung des Wechselstroms ist es nun erforderlich, die Fließgeschwindigkeit von 0,04 Millimeter pro Sekunde etwas zu relativieren. Sie hat ihre Gültigkeit, doch werden die flugzeugeigenen Elektronen bei den 400 Schwingungen pro Sekunde bereits nach einer achthundertstel Sekunde zur Umkehr gezwungen. Sie kommen gar nicht recht von der Stelle, und dennoch funktioniert's.

Drehzahlregelung aus dem letzten Jahrhundert

Es gibt viele technische Leckerbissen im Flugzeug. Einer davon sind die Antriebsgetriebe der beiden Generatoren. Ihr Innenleben besteht aus einer Kombination von Zahnradübersetzungen und Hydraulik. Sie werden von Triebwerken angetrieben, deren Drehzahlen zwischen Leerlauf und voller Leistung variieren. Aus diesen variablen Eingangsdrehzahlen der Triebwerke müssen sie eine konstante Ausgangsdrehzahl von beispielsweise 8000 Umdrehungen pro Minute machen. Das muß sein, damit die Generatoren immer gleich schnell drehen. Ihre Drehzahlen sind proportional zur erzeugten Stromfrequenz. Die angestrebte Frequenz von 400 Hertz muß genau eingehalten werden, weil bei vielen Flugzeugen die Generatoren, bei dieser B737 sind es zwei, beim Jumbo vier, ein und dasselbe Stromnetz speisen. Sind die Generatoren schließlich miteinander verbunden, ist kein Hertz Abweichung erlaubt. Der Ausfall eines Generators führt deshalb zu keiner auch nur kurzzeitigen Unterbrechung der Stromversorgung. Freunden der Dampfmaschine wird imponieren, daß man eine solch genaue und zugleich sichere Drehzahlregelung nur dem altbekannten mechanisch arbeitenden Fliehkraftregler zumutet.

Der Stromverbund der Flugzeugelektrik ist bei der irdischen Stromversorgung Alltag. Alle Kraftwerke in Deutschland, sogar über die Landesgrenzen hinaus, speisen ein einziges Stromnetz. Ist das Kernkraftwerk Brunsbüttel wegen eines Defekts vom Netz gegangen, geht dem Kraftwerk in Helmstedt die Braunkohle aus oder friert dem Walchenseekraftwerk der Walchensee zu, ihr Videorecorder läuft ohne Unterbrechung weiter.

Daß sich beim Abschalten eines Kraftwerks oder eines Flugzeuggenerators die maximal lieferbare Strommenge reduziert, dürfte verständlich sein. Demnach darf in so einem Verbund niemals so viel Strom verbraucht werden, daß alle Generatoren voll ausgelastet sind. Die Flugzeuggeneratoren können so viel leisten, daß der Ausfall eines Generators keinerlei Probleme macht. Fällt bei einem Flugzeug mit zwei Generatoren auch der zweite aus, wird die APU in Betrieb genommen. Das allerdings funktioniert nur nach einer kurzen Pause, in der die wichtigsten Geräte von einem Akku versorgt werden. Bei den Flugzeugen mit drei oder vier Generatoren (Drei- oder Viermotorige!) ist der strombringende APU-Betrieb mit dem Ausfall von zwei Generatoren natürlich noch nicht an der Reihe.

Die Stromerzeugung ist reichlich

Fällt dem »vielmotorigen« Flugzeug – höchst unwahrscheinlich – der letzte Generator aus, helfen je nach Flugzeugtyp verschiedene Techniken. Eine davon ist das Ausklappen des Hilfspropellers, der bereits bei der Erläuterung der Hydraulik erwähnt wurde. Das reicht für die Versorgung der wichtigsten Verbraucher.
Ein Großraumflugzeug vom Typ Boeing 747 verbraucht bei einem Alltagsflug, wenn nicht gerade höchst stromverzehrende Essenzubereitungszeit ist, Strom in der Größenordnung von 60 000 Watt oder 60 Kilowatt (kW). Das Flugzeug ist in der Lage, mit allen Generatoren zusammen 325 Kilowatt elektrische Leistung zu erzeugen. Diese 440 PS dürfen aber aus den genannten Sicherheitsgründen nie voll in Anspruch genommen werden.
Einen beachtlichen Stromverbrauch haben die vielen elektronischen Gerätekisten. Sie sind im allgemeinen schwarz gespritzt und werden deshalb »black boxes« (schwarze Kisten) genannt. In einem eigenen Raum unterhalb des Cockpits stehen sie in Regalen wie das Ein-

gemachte im Keller. Dort wandeln sie neben ihren eigentlichen Aufgaben den aufgenommenen Strom in Wärme um.

Die beiden Cockpitfrontscheiben und die unmittelbar links und rechts angrenzenden Seitenscheiben sind ebenfalls große Stromverbraucher. Viel eleganter als die aufgedampften Fäden auf der Heckscheibe Ihres Autos, haben diese mehrschichtigen Gläser im Innern zwei weitgehend unsichtbare Metallschichten. Durch sie fließt Strom und hält das Glas so warm, daß Eis und Beschlag keine Chance haben. Ihr maximaler Stromverbrauch von etwa 7500 Watt entspricht etwa dem Ihres häuslichen Kochherds, wenn Sie alle vier Herdplatten eingeschaltet haben.

Für kulinarische Zwecke steigt der Stromverbrauch noch einmal kräftig an. Da sind zunächst in den zahlreichen Küchen der großen Langstreckenflugzeuge bis zu 18 Umluftöfen mit je 3000 Watt Leistungsaufnahme. Würde nur ein Generator für sie sorgen, wäre er allein damit schon zur Hälfte ausgelastet. Dann sind da noch die zahlreichen Kaffeemaschinen. Jede einzelne zieht 5000 Watt aus dem Bordnetz. Das ist das Vielfache einer gängigen 300- bis 1200-Watt-Kaffeemaschine. Dafür belohnt sie uns mit Höchsttempo: zwölf Tassen in weniger als zwei Minuten.

Vielleicht haben Sie nachgerechnet und kommen zu einem für den Fall eines Generatorausfalls zu hohen Stromverbrauch. Sie haben richtig gerechnet. Zu sorgen brauchen Sie sich aber nicht, denn eine intelligente Überwachung schaltet im entsprechenden Fall blitzschnell und automatisch die gesamte Stromversorgung der Küchen ab. Wird der Strom noch knapper, dann gilt: Im Zweifelsfall gehört der Strom dem Cockpit.

Aber auch im Cockpit haben nicht alle Instrumente und Bedienpulte die gleiche Priorität bei der Stromversorgung. Bei einem Ausfall aller triebwerksgetriebenen

Generatoren wird der verbleibende Strom rationiert, andernfalls wäre der eventuell vorhandene propellergetriebene Generator überfordert. Auch die letzte noch zu nennende Stromversorgung für das Cockpit, nämlich die aus Akkumulatoren, ist wegen ihrer begrenzten Kapazität nur noch für die allerwichtigsten Instrumente und Systeme des Flugzeugs vorgesehen.
Propeller- und Akkustrom werden genauso wie bei der normalen Versorgung durch die triebwerksgetriebenen Generatoren in alle notwendigen Stromarten umgewandelt: 115 Volt Wechselstrom sowie 28 Volt Wechsel- und Gleichstrom und alle niedrigeren Spannungen. Für jeden Verbraucher das Passende.

Eine Anlage für warm und kalt

Auch wenn das Cockpit nur noch aus Akkus versorgt wird, ist es in der Kabine noch lange nicht dunkel. Beim Schein der Notbeleuchtung – mit eigenen Akkus – können Sie getrost Ihre Zeitung weiterlesen. Es bleibt auch gemütlich warm, weil die Druck- und Klimaanlage (*airconditioning*) nicht ausfällt – eine sehr durchdachte Konstruktion, bei der unzählige Relais, die über viel Wenn und Aber beim Schalten und Regeln zu entscheiden haben, nicht einfach bei Stromausfall den Laden dichtmachen, sondern so eine Art gemütliches Notprogramm fahren.
Unter normalen Bedingungen ist die Funktionsweise folgende: Ständig wird den Motoren Luft für das Aufrechterhalten von Luftdruck und Temperatur in der Kabine entnommen. Doch diese Luft ist viel zu warm. Sie wird zunächst an Ort und Stelle auf 220 Grad Celsius vorgekühlt. Auch das Schwanken des Luftdrucks bei den mehr oder weniger schnell drehenden Triebwerken wird noch vor Ort regelungstechnisch behoben. Bevor die so

vorbereitete Luft endgültig auf die Passagiere losgelassen wird, drückt man sie in Kompressoren zusammen. Durch dieses »Kneten« wird sie wieder wärmer. Danach fließt sie durch hochwirksame Kühler und treibt am Ende, wobei sie stark an Druck und Temperatur verliert, Turbinen an. Diese Turbinen wiederum treiben, auf derselben Welle sitzend, die erwähnten Kompressoren an, die die Luft kneten. Das ist kein Perpetuum mobile, sondern nur aufwendig wie eine Fabrik. Und wie schon beim Betrieb der APU erwähnt, ist diese »Fabrik« in der Lage, auch kältere Luft zu liefern. Kältere als von draußen ins Triebwerk strömt. Eine feine Sache für heiße Zeiten, die wir in unserer momentanen Flughöhe aber sicher nicht vorfinden. In den üblichen Reiseflughöhen sind die Temperaturen draußen unter bis deutlich unter Null. Hier muß die »Fabrik« also nur heizen, was für sie die einfachere Art der Luftbehandlung ist. Das Ziel ist immer gleich: Kabinentemperaturen möglichst gleichbleibend zu halten. Dafür strömt innerhalb von drei Minuten so viel Luft in die Kabine, wie sie selbst an Volumen hat.

Für den Wärmebedarf spielt nicht nur die Temperatur hinter der gut isolierten Außenhaut des Flugzeugs eine Rolle, sondern in großem Maße auch die Anzahl der Passagiere und ihre Verteilung in der Kabine. Bekanntermaßen unterscheiden sich die Abteile durch ihre »Packungsdichte«. Wer mehr zahlt, darf von dem knappen Platz mehr beanspruchen. Der Kaufpreis eines Flugzeugs geteilt durch seine Kabinenfläche ergibt etwa 500 000 Mark pro Quadratmeter. Da jeder, ob er will oder nicht, mit etwa 80 Watt seine Umgebung beheizt (Heizbeweis: die immer weiche Schokolade in der Hosentasche), wird die Kabine schon auf diese Weise beträchtlich, aber leider unterschiedlich erwärmt.

Da große Zahlen imponieren, hier der Jumbo, die Boeing 747-200, in der Version einer größeren deutschen

Luftverkehrsgesellschaft: Vollbesetzt heizen die Passagiere der 1. Klasse (*first class*) mit einem einzigen Kilowatt, die der 2. Klasse (*business class*) mit vier Kilowatt, und die in der 3. Klasse (*economy class*) bringen es auf beachtliche 25 Kilowatt. Das ist zusammen genug, um ein mittelgroßes Einfamilienhaus bei strammem Frost gut warm zu halten. Das bedeutet, daß die Temperatur der einströmenden Luft bei einem vollbesetzten Flugzeug im Mittel etwas unter der gewünschten liegen muß, wenn man die Kabine nicht überheizen will. Dies gilt auch für die obere Reiseflughöhe, in der die Temperatur draußen im allgemeinen bei klirrenden minus 57 Grad Celsius liegt.

Die Wärme ist nur ein Produkt des Luftdrucks

Damit sich nicht morgen bloß aus Liebe zur Umwelt alle Leser dieses Buches in der 3. Klasse, der Touristenklasse, treffen, hier noch der deutliche Hinweis, daß zwar die den Triebwerken entnommene Luft für die Klimaanlage teuer mit Kraftstoff bezahlt werden muß, ihre anfängliche Temperatur von manchmal weit über 500 Grad Celsius aber gar nicht steuerbar ist. Dort, wo in den Kompressoren der Triebwerke der Luftdruck für die Aufbereitung in den Klimaanlagen ausreichend hoch ist, ist die Luft – ein physikalisches Gesetz – auch sehr warm. Wer hat noch nicht seine Fahrradreifen aufgepumpt und dabei bemerkt, daß die Luftpumpe vorn warm wurde? Pumpt man gar mit Karacho, kann man sich am Ventil die Finger verbrennen. Das hat zwar auch etwas mit Reibung zu tun, aber zum größeren Teil mit dem Umstand, daß Gase, hier ist es die gewöhnliche Luft, sich ohne Verzögerung erwärmen, wenn man sie zusammendrückt. Übrigens: Läßt man den Druck wieder sinken, fällt die Temperatur eines Gases ebenso schnell wieder ab, und zwar nahezu auf den ursprünglichen Wert. Genau dieser simple Effekt wird in den Klimaanlagen aller Flugzeuge, Häuser und Autos sowie in allen Kühlschränken zum Kühlen genutzt. Auf unserem Langstreckenflug erzähle ich mehr davon.

Die Klimaanlage soll Mief, Hitze und Kälte abhalten. Das ist aber noch nicht die ganze Wahrheit. Da war doch noch dieses, je nach Flugzeugtyp mehr oder weniger auffallende, ohrschonende und hochsensible Luftauslaßventil, eine Vorrichtung für die Druckkabine. Dieses Ventil wird nutzlos, wenn die Luftlieferanlage nicht funktioniert. Da die Dichtigkeit eines Flugzeugrumpfes nicht annähernd mit der eines Autoreifens konkurrieren kann, würde sich ohne Klimaanlage die Luft unaufhaltsam durch alle Türschlitze und sonstigen kleinen Öffnungen davonmachen. Ein Mensch, dem niedrigen Druck in größeren Reiseflughöhen ausgesetzt, würde nach 20 Sekunden das Bewußtsein verlieren. Sein Organismus streikt bei nur einem Fünftel des üblichen Luftdruckes.

Bleibt noch zu erwähnen, daß für die lebensnotwendige, je nach Flugzeugtyp zwei- bis vierfach vorhandene Druck- und Klimaanlage ein großer Aufwand getrieben wird, der sich im Cockpit durch Schalttafeln (*panels*) bemerkbar macht. Im weitgehend automatisierten Zweimanncockpit, wie in dieser kleinen Boeing 737, hat das mittelgroße Panel der zweifach vorhandenen Anlage über den Köpfen der Piloten Platz. Im Dreimanncockpit eines großen Langstreckenflugzeugs nimmt es leicht einen Viertelquadratmeter der Schalttafel des Flugingenieurs mit all ihren Schaltern, Stellhebeln und Anzeigeinstrumenten ein. Flächenmäßig kleiner ist das Panel für Stromerzeugung und -verteilung. Erst danach kommen Kraftstoff-, Hydraulik- und Triebwerk-Panel.

Zurück zum Fluggeschehen. Flogen wir bis eben noch in den Wolken, geben diese jetzt teilweise den Blick nach unten frei, eine Folge unseres Abstiegs vor der Landung in Brüssel. Eben zeigte schon ein Wolkenloch bei klarer Sicht die ersten belgischen Felder. Die glänzenden Häuser und Straßen lassen Regen vermuten, keine Überraschung, denn der Kapitän kündigte in einer Lautsprecheransage den Regen bereits an.

In den Wolken ist die Luft nicht glatt

Unser Flugzeug fliegt nun ganz ruhig aus den Wolken heraus. Wolken sind je nach Intensität gleichbedeutend mit mehr oder weniger turbulenter Luft. Klar, daß ein da hindurchfliegendes Flugzeug auch immer von den gerade auf es einwirkenden Winden hin und her geschoben wird. Kommt eine Böe von links, weicht das Flugzeug nach rechts aus. Das kennen Sie vom Autofahren. Kommt ein Stoß Wind von oben, geht's abwärts. Das kennen Sie nicht vom Autofahren. Kommt eine Böe von vorn, bremst sie Auto und Flugzeug. Am Flugzeug aber wird ruckartig der Auftrieb an den Tragflächen erhöht, und es geht zusätzlich nach oben. Stellen Sie sich alle Winde abwechselnd und heftiger vor, dann haben Sie Ihre »Luftlöcher« mit allem Drum und Dran.
Sollten Sie einmal das Glück haben, solche starken Windgeschwindigkeitsänderungen auf einem Ihrer Flüge zu erleben, dann denken Sie dabei an sich und nicht an das Flugzeug. Das kommt damit nämlich besser zurecht, als Sie glauben. Es kommt auch dann noch zurecht, wenn es – ein sehr seltener Fall – kurz, aber zackig schneller abwärts sinkt, als Gegenstände fallen können. Vielleicht halten Sie dabei sogar Ihr Glas auf dem Tisch fest, der saftige Inhalt aber wird, der Erdanziehungskraft folgend, unversehens kurzzeitig in Höhe Ihrer Augen erscheinen, um erst danach den Weg nach unten – natürlich am Glas vorbei – anzutreten.

So eine praktische Physikstunde über elementare Kräfte können Sie allerdings nur dann genießen, wenn Sie selbst angeschnallt sind. Hier paßt die Empfehlung, den Sitzgurt während der ganzen Reise geschlossen zu halten. Das tut nicht weh, aber es zeigt Ihre scharfsinnige Interpretation der Anschnallzeichen. Werden diese eingeschaltet, schnallen sich alle Leute brav an. Werden sie aber ausgeschaltet, lösen die meisten Leute ihre Gurte, obwohl kein Zeichen darauf hinweist. Sind Sie nicht angeschnallt, bringt das im allgemeinen keine Gefahr mit sich. Mit Hilfe von Wetterkarten der zu fliegenden Strecke und aktuell durch Beobachtungen des Wetterradarschirms sowie der Veränderungen verschiedener Anzeigen im Cockpit, einschließlich dem geübten Blick aus dem Fenster, kann die Cockpitcrew eine Turbulenz mit großer Wahrscheinlichkeit voraussagen.

Zugegeben, bei einem so extremen Gerappel wünscht sich auch die Besatzung in Cockpit und Kabine auf Dauer bessere Zeiten. Die Flugbegleiter haben dann bereits ihre Arbeit eingestellt und harren angeschnallt auf ihren Sitzen, hoffend, daß wieder Ruhe einkehrt, um mit ihren Servier- und Betreuungsdiensten weitermachen zu können. Die Cockpitcrew – zu jeder Zeit angeschnallt – wird selbstverständlich ihre Arbeit fortführen. Um mehr Ruhe ins Haus zu bringen, wird die Gegenwehr des Autopiloten verändert und die Arbeitsweise der Triebwerke den Unbilden der Natur angepaßt.

Unser Flug ist weiterhin ruhig. Während es den Flugbegleitern gelingt, den bunten Restaurantbetrieb mit Tabletts, Flaschen und Gläsern wegen sicherheitstechnischer Erfordernisse langsam wieder in das nüchterne Bild einer sachlichen Transportröhre zu verwandeln, sehe ich durch vereinzelte Wolkenlöcher, wie die Sonne den nassen Boden glänzen läßt. Es folgt eine Ansage der Kabinenchefin (Purserette): »... Ihr Gepäck wird automatisch weiterbefördert ...«

Widerstandsträchtig fahren die Auftriebsmittel aus

Feinfühlige erleben das Ausfahren der Vorflügel und Klappen, ohne hinauszuschauen. Eine unerwünschte Beigabe dieser Auftriebserhöhung ist der höhere Luftwiderstand, der das Flugzeug bremst. Nicht schlecht, denken Sie zu Recht, denn Auftriebsmittel werden ja ausgefahren, um langsamer fliegen zu können. Diese niedrigere Geschwindigkeit wird aber schnell erreicht und unterschritten, wenn nicht umgehend der Schub der Triebwerke erhöht wird. Das war gerade zu hören.
Zuerst fahren die Vorflügel aus. Während sich die Landschaft allmählich dem Maßstab 1:1 nähert, fahren mit weiterer Abnahme der Geschwindigkeit in kleinen Schritten mehr und mehr auch die Klappen aus. Abhängig von vielen Faktoren, wie Landebahnlänge und -höhe über dem Meeresspiegel, ob es regnet oder Schnee liegt, ob und woher der Wind weht und wie schwer das Flugzeug noch ist, werden, je nach Flugzeugtyp, die Landeklappen vollständig oder nur teilweise ausgefahren.
Wie weit sie ausgefahren sind, ist mit einfachem Blick durch unser Kabinenfenster nur schwer auszumachen. Da jetzt erst das Rumpeln beim Ausfahren des Fahrwerks zu hören ist und im allgemeinen auch danach die Klappen noch weiter ausgefahren werden, haben diese ihre Endstellung noch nicht erreicht.
Noch eine Ansage: »... bitte stellen Sie das Rauchen ein ... / ... please refrain from smoking ...«
Der Kraftstoffverbrauch eines Flugzeugs hängt in sehr großem Maße von seinem Luftwiderstand ab, und die Tragflächen spielen dabei eine wichtige Rolle. Im Reiseflug müssen sie so schlank und widerstandsarm wie möglich sein. Auch wenn man beim Anblick der ausgefahrenen Klappen nicht gerade von schlank sprechen kann, so steht doch auch hier der geringe Luftwiderstand ganz oben auf der Wunschliste der Konstrukteure.

Sie wissen, daß effektive Hochauftriebsmittel, so nennt man Vorflügel und Klappen auch, mit geringem Luftwiderstand in ihrem Aufbau komplizierter und damit schwer werden. Da ihr Gewicht im Reiseflug aber immer kraftstoffzehrend ist, sind die Ausführungen immer ein gut durchdachter Kompromiß.
Diese Boeing 737 hat ein besonders kompliziert aussehendes Hochauftriebsmittel. Die Klappen bestehen jeweils aus drei hintereinanderliegenden Segmenten (*tripple slotted trailing edge flaps*). Die »durchschaubaren« Abstände zwischen den einzelnen Klappen sind keine Konstruktionsmängel zugunsten des Leichtbaus, sondern bei dieser Bauart für die Luftströmung unerläßlich. Der Auftrieb steigt so auf über das Dreifache.
Unser Endanflug ist in Arbeit. Die Triebwerke arbeiten keineswegs im Leerlauf. Sie müssen mit erhöhter Leistung den Luftwiderstand der Vorflügel, Klappen und Fahrwerke wettmachen, sicherlich gut hörbar in dem unmittelbar am Flughafen liegenden Dorf, das wir gerade überfliegen. Da unten liegen noch ein paar Kleingärten, und schon schweben wir über den Flughafenzaun. Das sind Dinge, die wegen wichtigerer Aufgaben von der Cockpitcrew allenfalls am Rande registriert werden können.
Unzählige Male habe ich schon durch ein Passagierfenster geschaut und dabei immer wieder dieses Gefühl des Träumens gehabt. Für den Versuch, das Traumgefühl noch zu verstärken, empfehle ich übrigens die Benutzung von Ohrstöpseln.
Wir überfliegen den Anfang der Betonbahn *(threshold)* in einer Höhe von etwa 16 Metern. Die Höhe kann ich mit dem Auge nicht abschätzen, aber ich weiß, daß alle großen Flugzeuge den Bahnanfang in einer Höhe von 50 feet (ft) überfliegen, und eine Einheit dieses krummen englischen Längenmaßes beträgt 30,48 Zentimeter.

Landen ist kein einfaches Aufsetzen

Während der Endanflug mit gleichbleibender Geschwindigkeit und Sinkrate durchgeführt wird, würde es gewaltig rumsen, wenn nicht, wie in diesem Augenblick, kurz vor dem Aufsetzen die Sinkrate durch Ziehen an der Steuersäule beziehungsweise Betätigen des Höhenruders zurückgenommen würde. Dabei nimmt das Flugzeug die Nase etwas höher. Dieses notwendige Nasehochnehmen haben sich die Fahrwerkskonstrukteure gemerkt und daraus den gewichtsparenden Schluß gezogen, daß zuerst das hintere, das Hauptfahrwerk, aufsetzt. Daraufhin war schnell festgelegt, Bugfahrwerke nicht so wuchtig bauen zu müssen wie die landestoßaufnehmenden Hauptfahrwerke mit ihren, je nach Flugzeugtyp, bis zu 16 wulstigen Reifen.
Diese Hauptfahrwerke halten unter der Last des Flugzeugs Enormes aus. Eine landende Boeing 747 kann im-

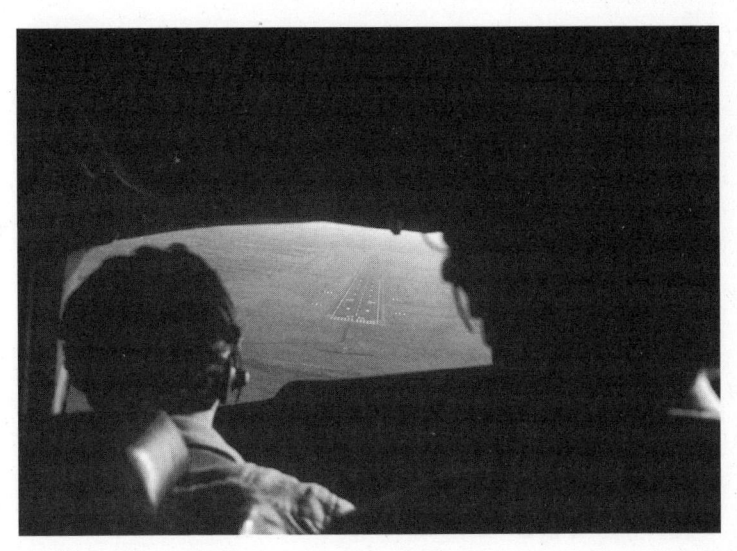

Landen heißt nicht einfach aufsetzen

merhin noch etwa 280 Tonnen wiegen. Der schräg nach unten auf die Landebahn führende Gleitweg (*glideslope*) hat je nach Landebahn einen Winkel von etwa drei Grad. Fliegt das Flugzeug auf diesem Landekurs mit beispielsweise 275 Kilometern pro Stunde, so nähert es sich dem Erdboden mit 14 Kilometern pro Stunde. Lassen Sie jetzt dieses Buch aus 80 Zentimetern Höhe auf ihren Schoß fallen. Es wird ebenfalls mit 14 Kilometern pro Stunde auftreffen. Wie oben beschrieben, setzt aber kein Flugzeug mit einer solch derben Sinkrate auf, obgleich es so dimensioniert ist, daß die dabei auftretenden Kräfte Fahrwerk und Flugzeug nicht bleibend verbiegen.
Ein leichter Stoß signalisiert uns: Wir sind gelandet. Aufs Hauptfahrwerk! Nicht jeder weiß, daß dabei eine gewisse Landestoßstärke angestrebt wird. Annähernd ohne Sinkgeschwindigkeit aufzusetzen, ergibt zwar eine butterweiche Landung, der Aufsetzpunkt ist so aber schwerer auszumachen. Da es sich um eine nur endliche Landebahnlänge handelt, ist dieser aber genau festgelegt. Aufgesetzt wird etwa 1000 feet hinter dem Bahnanfang (»1000-Fuß-Punkt« = 330 m).
Damit Ihnen das Landemanöver nicht zu einfach erscheint, sei erwähnt, daß die Räder mit einer größeren oder auch kleineren Sinkgeschwindigkeit aufsetzen können als der des gesamten Flugzeugs. Zieht ein Flugzeugführer zum Reduzieren der Sinkgeschwindkeit an seiner Steuersäule, muß das Flugzeug, bevor es steigen kann, zuerst schräger angestellt werden. Dabei nimmt es die Nase hoch. Gleichzeitig fällt aber das Hinterteil des Flugzeugs ab, weil sich der ganze Apparat um seinen irgendwo in der Mitte befindlichen Schwerpunkt dreht. Hinten aber, genauer gesagt, hinter dem Schwerpunkt, befinden sich die Hauptfahrwerke, die auf diese Weise kurzzeitig eine höhere Sinkgeschwindigkeit bekommen. Würde das Flugzeug genau in diesem Moment aufset-

zen, wäre der Landestoß auf die Hauptfahrwerke entsprechend größer.
Drückt ein Flugzeugführer aber seine Steuersäule unmittelbar vor dem Aufsetzen noch einmal nach vorn, so sinkt die Nase ab, während sich das Hinterteil mit dem Hauptfahrwerk hebt. Die Landung wird weicher, weil das Flugzeug zwar noch dem Wunsch des Höhenruders nach »Hinterteil-Hochnehmen« folgen konnte, es aber dank der Trägheit der Masse nicht mehr zum schnelleren Sinken kam.

Bremsen auf dreierlei Weise

Mit dem, was man gemeinhin Landen nennt, ist der Landevorgang eigentlich noch nicht beendet. Die Geschwindigkeit hat bereits unmittelbar vor diesem Aufsetzen durch die Leerlaufstellung der Motoren geringfügig abgenommen. Mit dem Hauptfahrwerk am Boden kommen, je nach Flugzeugtyp automatisch oder manuell, die bekannten Geschwindigkeitsbremsen (die etwa badehandtuchgroßen *speed brakes,* die sich im Kurvenflug Spoiler nennen) oben aus der Tragfläche heraus. Man nennt sie auch Störklappen, weil sie nicht nur dem Fahrtwind Widerstand entgegensetzen, sondern auch den noch bestehenden Auftrieb stören. Das Flugzeug bekommt dadurch mehr Bodenhaftung, und die Bremsen können schneller zur Sache kommen.
Üblich ist, daß jeder Hauptfahrwerksreifen seine eigene Scheibenbremse hat. Bugfahrwerksbremsen werden zwar auch angeboten, sind aber selten. Dieses Flugzeug hat vier Hauptfahrwerksreifen und demnach vier Scheibenbremsen. Eine Boeing 747 hat dank der 16 Hauptfahrwerksräder auch 16 Bremsen. Jede Scheibenbremse besteht aus einem ganzen Paket von Scheiben, sozusagen aus vielen Scheibenbremsen übereinander. Auf eine

am Rad befestigte und sich mitdrehende Scheibe folgt immer eine auf der Radachse festgehaltene Scheibe und so weiter. Drückt man das ganze Scheibenpaket hydraulisch zusammen, reibt sich eine Scheibe an der anderen. Die Wucht der wertvollen Fahrtenergie (kinetische Energie) wird in diesen Scheiben unbarmherzig in simple Wärme umgewandelt. Vielleicht reiben Sie einmal kräftig Ihre Hände aneinander, um die Wirkungsweise einer Bremse besser zu verstehen. Die bremsende Reibung der einen Hand auf der anderen quittieren beide mit einem warmen Gefühl.

Das bei Kraftfahrzeugen bekannte Antiblockiersystem, kurz ABS, ist in der Luftfahrt ein Standard. Es verhindert das Blockieren der Räder beim Bremsen. Dieses »Anti Skid System« fand bereits Verwendung, als beim Auto die Übertragung zwischen Pedal und Bremse noch mittels Seilzügen erfolgte. Besteht beim ABS im Kraftfahrzeug die Hauptaufgabe darin, dem Fahrer auch noch beim kräftigen Bremsen die Möglichkeit zu geben, an einem Hindernis vorbeizulenken, so liegen beim Flugzeug die Hauptanforderungen woanders. Ein bei hoher Rollgeschwindigkeit auch nur teilweise zum Stillstand kommender Reifen würde sehr bald zerstört. Die hohen Auflagekräfte würden ihm beim Rutschen auf seiner Unterlage das Gummi nehmen.

Neben Klappen und Scheiben drängt sich durch angemessenen Lärm noch eine dritte Bremsart auf, nämlich die Schubumkehr der Triebwerke (*thrust reverse*). Sie setzt nach dem Aufsetzen ein und ist ein Umlenken des schubbringenden und normalerweise nach hinten blasenden Abgasstrahls schräg nach vorn.

Triebwerke arbeiten nach dem Rückstoßprinzip. Lassen Sie einen aufgeblasenen Luftballon los, so saust er zappelnd, von der ausströmenden Luft angetrieben, davon. Das Ganze hat aber ein jähes Ende, wenn der Ballon leer ist. Weil bei einem Strahltriebwerk hinten auch kräftig

Luft rausbläst, würde dies genauso munter und ziellos wie der Ballon nach vorn davonsausen, wenn nicht zufällig das schwere Flugzeug dranhängen würde, es dadurch behäbiger und noch lenkbar wäre.

Der Ballon macht's kurz, das Triebwerk länger. Bis der Kraftstoff verbraucht ist. Es saugt nämlich im gleichen Maße, wie hinten heiße Luft ausströmt, vorn kalte Luft ein. Ein kontinuierlicher Prozeß, der nur funktioniert, weil die vom brennenden Kraftstoff erwärmte Luft sich ausdehnt und viel mehr Platz braucht als kalte Luft. Folge des so mächtig angestiegenen Luftvolumens ist die hohe Luftaustrittsgeschwindigkeit aus der hinteren Triebwerksdüse. Beim Öffnen der Schubumkehr wird dieser Abgasstrahl mittels Klappen und Gitter schräg nach vorn zurückgelenkt. Obwohl die Effektivität deutlich hinter der des Vorwärtsschubs liegt, ist die Schubumkehr eine Unterstützung der Radbremsen und eine wünschenswerte Hilfe bei geschlossener Schneedecke oder während eines starken Regengusses auf der Bahn.

Der Bremsvorgang geht zu Ende, und so ist es wichtig, daß die jetzt geschlossenen Schubumkehrer das Triebwerk wieder auf Vorwärtsschub bringen. Nur so ist das Rollen zur Parkposition möglich. Beim Verlassen der Landebahn (*runway*) fährt die Cockpitcrew die »Spoiler« wieder ein. Sie klappen herunter und passen sich auf diese Weise wieder bündig in die Tragfläche ein. Kurz darauf werden auch die »flaps« und »slats« eingefahren.

Noch rollen wir ungehindert über den Rollweg (*taxiway*). Das wird sich gleich ändern, wenn sich die verschiedensten Lieferfahrzeuge auf Zugangsklappen, Fracht- und Passagiertüren stürzen, um das Flugzeug ruckzuck wieder startklar zu machen. Nur noch eine Abbiegung und wir erreichen die Parkposition. Schon wenige Sekunden nach dem Anhalten und bevor die

Triebwerke völlig verstummen, wimmelt es wie erwartet rundherum nur so von Fahrzeugen und Personal.
Mit Verlöschen der Anschnallzeichen denke ich beim Blick auf den Mittelgang häufig an unsere Autobahnen. Ob die gezeigte Eile wohl bei jedem einzelnen berechtigt ist?
Wir parken an einer »Fingerposition«. Übersetzt heißt das: Keiner wird bei Regen naß. Das ermöglicht eine Ziehharmonikaröhre. Diese Brücke ist mit einem Ende am Flughafen festgeschraubt. Mit ihrem weicheren Ende drückt sie sanft gegen den Flugzeugrumpf, wo sich die Flugzeugtür zum Aussteigen befindet. Wegen der ganz Eiligen wird die Tür erst dann geöffnet, wenn der Finger auch wirklich in der richtigen Position ist. Dazu gehört auch eine anfängliche Höhenjustierung, die sich bei Fingern der gehobenen Preisklasse mit fortschreitendem Aussteigen der Passagiere dem höherstehenden Flugzeug anpaßt. Auf diese Weise wird die Stolperstufe beim Aussteigen immer klein gehalten.
Wir aussteigenden Passagiere können nicht beobachten, wie sich später die Brücke beim Tanken und Beladen, je nach Flugzeug bis zu einen halben Meter, brav wieder absenkt. Bis dahin haben sich die meisten Passagiere fußschonend von dem über 100 Meter langen Förderband zur Paßkontrolle bringen lassen. Vor den Schaltern »Nur E. U.« und »Alle Passagiere« sind die Schlangen meist gleich lang. Insider stellen sich bei »Nur E. U.« an, weil die Einreisekontrolle von Nicht-E. U.-Bürgern mitunter lange dauern kann. Da für E. U.-Bürger die Paßkontrolle aufgehoben ist, muß der Paßbeamte nun per Paßkontrolle feststellen, ob der Paßinhaber dem Personenkreis angehört, bei dem das Kontrollieren des Passes nicht notwendig ist. Dieser Vorgang ist nicht zu beanstanden, und die immer gleichbleibende Emsigkeit dieser Beamten nur zu bewundern.
Nicht zu beanstanden ist auch die zolltechnische Abfer-

tigung, die bei meinen zirka 200 Einreisen hier in Brüssel bisher nur aus einem ruhigen und scheinbar einfachen, aber sicherlich professionellen Blickkontakt bestand. Gleich hinter der nächsten Tür stehen die Menschen enggedrängt. Alle mit erwartungsvoller Abholmiene. Mich holt niemand ab. Ich kenne den Weg. Mein Ziel liegt gleich rechts die Treppe hinunter. Der DC10-Simulator steht praktischerweise direkt im Flughafenhauptgebäude. Dort nehme ich für die nächsten zwei Tage an Prüfungen zur Lizenzverlängerung (*simulatorcheck*) teil. Dann kommt der Rückflug. Am Fenster! Vorn!

Als Flugingenieur von Atlanta nach Frankfurt

Ein Hotelzimmer in den Vereinigten Staaten von Amerika. Alles fängt mit dem typischen Piepen meines Armbanduhrweckers an. Kein Wohlklang, aber ein zarteres Wecken, als von der schrillen adrenalinspendenden Klingel des Telefons aus dem Schlaf gerissen zu werden. Das nämlich erwartet mich in genau fünf Minuten, die ausreichen, um den genauen Standort des Telefons und meinen eigenen ausfindig zu machen. Danach bleiben mir 60 Minuten, das Feld zu räumen, für uns Reiseprofis genug Zeit, um noch vor der Abfahrt (*pick up*) im Hotelrestaurant ein Häppchen mit Kaffee einzunehmen. Drei Stunden Nachmittagschlaf waren es eben. Ein innerer Beitrag zur Linderung unregelmäßiger Dienste in unterschiedlichen Zeitzonen. Wohl dem, der immer dann zum Schlafen fähig ist, wenn es vorausschauend vonnöten ist.
Um 15 Uhr Ortszeit werden wir das Hotel mit einem Bus verlassen. Um 17 Uhr ist der planmäßige Abflug, der in unseren Arbeitsunterlagen, dem UTC Plan, mit 22:00 UTC (*universal time coordinated*) angegeben ist.
Die UTC ist die Weltzeit und entspricht der ehemaligen GMT (*greenwich mean time*). Sie wird von allen Flugzeugbesatzungen der Welt das ganze Jahr über verwendet. Sommer- und Winterzeit sind dabei unbekannt, weshalb ihr Unterschied zur deutschen Zeit im Sommer minus zwei und im Winter minus eine Stunde beträgt.
Es ist 15 Uhr Ortszeit, 20 Uhr UTC und 21 Uhr in Deutschland. Der Purser, Chef der Kabine, zählt siebzehn: drei Mann aus dem Cockpit und vierzehn Flugbegleiter. Alle da! Wir fahren gemeinsam zum Flughafen.

50 000 Mark Zinsen pro Tag

Eine tägliche Flugverbindung wie diese bringt jeder Crew einen Eintagesaufenthalt, eine zweitägige Verbindung bringt zwei Tage, eine dreitägige ..., eine wöchentliche eine ganze Woche.
Flugzeuge müssen aus Kostengründen in Bewegung gehalten werden. Die laufenden Kosten der Crew sind nachrangig, die des Flugzeugs erheblich. Allein die Zinsen für den Kaufpreis können bei einem großen Flugzeug 50 000 Mark pro Tag betragen. Demnach ist es unwirtschaftlich, ein so teures Gerät zeitgleich mit der Ruhezeit der Crew auf dem Flughafen zu parken. Ein Flugzeug braucht keine Ruhepause und kann sofort für den Rückflug wieder startklar gemacht werden. Das dauert bei einem Langstreckenflugzeug unter Umständen weniger als eineinhalb Stunden.
Und auf so ein Flugzeug warten wir hier auf dem Flughafen von Atlanta (im Staat Georgia), der mit vollem Namen William B. Hartsfield Int'l Airport Atlanta heißt. Noch wissen wir nicht, welches Flugzeug es sein wird. Auf jeden Fall aber wird es eine Boeing B747-200 sein, weil die Lizenz für Flugzeugführer und Flugingenieure typgebunden ist und wir drei Cockpitleute nur mit diesem Typ umzugehen verstehen. Im »Luftfahrerschein für Flugzeugführer« und im »Luftfahrerschein für Flugingenieure« ist der zur Tätigkeitsausübung berechtigte Flugzeugtyp eingetragen. Bei uns dreien ist es der sogenannte Jumbo mit Dreimanncockpit.
Bis 1991 wurde dieses bewährte Flugzeug, dessen Grundtyp erstmals 1968 aus der Montagehalle des Dörfchens Everett nördlich der Stadt Seattle rollte, noch gebaut; seit 1988 wird dort, in der nordwestlichsten Ecke der USA, auch die B747-400 hergestellt. Dieses Flugzeug ist dank arbeitsreduzierender Automatiken als Zweimanncockpit konzipiert. Äußerlich und in den techni-

Dreimanncockpit (Boeing 747-200)

Zweimanncockpit (Boeing 747-400)

schen Grundsystemen ist dieser 400er dem 200er »Jumbo« sehr ähnlich. Um als Zweimanncockpit bedienbar zu sein, hat er ein technisch völlig neugestaltetes Cockpit.

Kurz bevor wir mit dem Crewbus die Abflughalle erreichen, ruft eine Kollegin: »Da isser!« und meint »unser« Flugzeug, das, gerade von Frankfurt kommend, zur Landung ansetzt. Jeder von uns versucht sofort, das Kennzeichen zu erkennen, was aber diesmal auf Grund der Entfernung nicht gelingt. Zum jetzigen Zeitpunkt ist es unerheblich, welche B747-200 einschwebt. Wir sind nur neugierig, wie sie heißt. Intern werden unsere Verkehrsflugzeuge mit den beiden letzten Buchstaben ihres Kennzeichens bezeichnet. Das Kennzeichen beginnt für in Deutschland zugelassene Flugzeuge mit dem Landesbuchstaben D, gefolgt von einem Bindestrich und einem A, für Flugzeuge über 20 Tonnen. Das nachfolgende B stammt vom Namen: Boeing. Die verbleibenden zwei Buchstaben sind dann so eine Art Vorname. Unser heutiges Flugzeug wird demnach die D-AB.. mit zwei nachfolgenden Buchstaben sein. Für die bevorstehende Flugvorbereitung ist das Flugzeugkennzeichen von großer Bedeutung. Flugvorbereitungen werden immer für ein bestimmtes Flugzeug erstellt. Kein Flugzeug ist mit einem anderen identisch.

Wie Autos eines Typs, die alljährlich das Fließband mit Neuerungen verlassen, unterliegen Flugzeuge ständig technischen Veränderungen. Klar, daß diese B747 nicht 21 Jahre lang immer gleich gebaut wurde. In dieser Zeit hat die Konstruktion endlos viele und zum Teil massive Änderungen erfahren. Auch die Änderungen an schon bestehenden Flugzeugen sind beträchtlich. Dabei spielt das Alter der einzelnen Maschine keine Rolle, sondern ausschließlich der neueste technische Stand. Es ist selbstverständlich, daß wir auch über die kleinen Unterschiede, die den Umgang mit dem Flugzeug beeinflussen können, informiert sind und über neuerliche Änderungen ständig auf dem laufenden gehalten werden.

Anfänglich getrennt, findet an Hand aktueller Unterlagen die Vorflugbesprechung (*briefing*) für Cockpit und Kabine statt. Während der Purser mit seinen Flugbegleitern die Besonderheiten des Kabinenservices bespricht, sichtet die Cockpitcrew im Rahmen der Flugvorbereitung (*flight crew briefing*) die bereitgestellten Flugunterlagen. Hier sehen wir, daß unser Flugzeug die D-ABYP ist, im Fliegeralphabet nach den letzten beiden Buchstaben: Yankee-Papa!

Hochpräzise Kraftstoffplanung

Uns liegen Wettervorhersagen für den Zielflughafen und die in Frage kommenden Ausweichflughäfen sowie Wind- und Wetterkarten der gesamten Strecke mit den Besonderheiten aller auf der Strecke befindlichen Zwischenlandeplätze vor. Diese Daten werden gesichtet und mit dem aus Deutschland übermittelten Flugplan verglichen. Dieser detaillierte computerberechnete Plan wird im Flug unser wichtigstes Mittel zur Überprüfung von Planung und Wirklichkeit sein. Unter Berücksichtigung der Beladung mit Passagieren und Fracht hat der Computer die Flugzeit und den dafür notwendigen Kraftstoff ermittelt. Dazu hat er, was das Wetter angeht, immer auf dem laufenden, die Flugstrecke in viele kleine Teile zerlegt. Für jede dieser Teilstrecken errechnet er den Kraftstoffverbrauch unter Beachtung von Flughöhe, Gewicht und Wind. Selbstverständlich hält er sich an bestehende Luftstraßen und wählt im Rahmen des Erlaubten die für den Kraftstoffverbrauch optimale Höhe. Das Resultat ist die Menge Kraftstoff, die das Flugzeug vom Start bis zur Landung verbrauchen wird.

Obwohl sehr genau und speziell für dieses eine Flugzeug berechnet, werden zu dieser Menge noch fünf Prozent Reserve addiert. Dazu kommt der Verbrauch, um eventuell vom Zielflughafen zu einem fest bestimmten Ausweichflughafen zu kommen und dort 30 Minuten Warteschleifen (*holding*) fliegen zu können. Zu guter Letzt wird noch der Rollweg zur Startbahn hinzugerechnet. All diese Einzelmengen ergeben zusammen das zu tankende Minimum. Dieses Minimum ist gesetzlich vorgeschrieben. Ist die Beladung später höher als geplant, muß das Minimum erhöht werden.
Die Beladung setzt sich aus den Passagieren mit ihrem Handgepäck, ihren Koffern und der zusätzlichen Fracht zusammen. Zur Vermeidung unangenehmer Selbsterkenntnis mit amtlicher Eichung werden Passagiere nicht gewogen, sondern einschließlich ihres Handgepäcks mit einem Durchschnittsgewicht veranschlagt. Zu der bis hierher rein rechnerischen Mengenbestimmung kommen viele Einzelinformationen, die zusätzliche Kraftstoffmitnahme gebieten. Eine ist der mögliche Stau an unserem Zielflughafen. Da zum Zeitpunkt unserer planmäßigen Ankunft in Frankfurt mit hohem Verkehrsaufkommen zu rechnen ist, entschließen wir uns zur Mitnahme einer ganz bestimmten Menge Extrakraftstoff. Sie soll uns die Möglichkeit geben, vor Frankfurt bis zu 30 Minuten Warteschleifen zu fliegen; selbstverständlich, ohne die Menge anzutasten, die für den Flug zum Ausweichflughafen (*alternate fuel*) und der dort möglichen dreißigminütigen Warteschleife (*holding fuel*) vorgesehen ist. Die nämlich *muß* nach der Landung auf dem Bestimmungsflughafen Frankfurt noch in den Tanks vorhanden sein.
Ob ein Flug mit Extrakraftstoff angetreten wird oder nicht, hat auf die aktuelle Sicherheit im Prinzip keinerlei Einfluß. Nicht die Menge ist entscheidend, sondern ihre regelmäßige Kontrolle, und die werden Sie auf unserem

Kraftstoffablassen ist äußerst selten

bevorstehenden Flug noch kennenlernen. Ein Flugzeug wird, unabhängig von seinem Flugauftrag, nicht immer vollgetankt, um dann gar vor der Landung das zuviel Getankte wieder abzulassen. Abgesehen davon, daß nur Langstreckenflugzeuge über eine dafür notwendige Ablaßvorrichtung verfügen, wäre das regelmäßige »Wegschütten« viel zu teuer. Kraftstoffablassen (*fuel dump*) ist so selten, daß nur wenige Piloten und Flugingenieure während ihres Berufslebens so etwas miterleben. Es wird notwendig, wenn ein Flugzeug, das zu einem vielstündigen Flug gestartet ist, unverzüglich wieder landen muß. Neben technischen Fehlern kann auch ein kranker Passagier eine solche Rückkehr oder Zwischenlandung notwendig machen. Zu diesem Zeitpunkt hätte das Flugzeug von seinem Kraftstoff aber erst eine geringe Menge verbraucht. Dadurch wäre es möglicherweise weit über 100 Tonnen schwerer als bei der geplanten Landung am ursprünglichen Zielort. Weil ein Langstreckenflugzeug zwischen Start und Landung normalerweise wegen seines Kraftstoffverbrauchs erheblich an Gewicht verliert, ist das maximal zulässige Landegewicht bei der B747 über 110 Tonnen geringer als das maximal zulässige Startgewicht. Dadurch kann das Flugzeug leichter gebaut werden. Die Fahrwerke und ganz besonders die Bremsen sind kleiner, was zu erheblichen Kraftstoffeinsparungen führt.

Muß tatsächlich Kraftstoff abgelassen werden, geschieht dies über dünnbesiedeltem Gebiet und nicht unter 5000 feet Flughöhe (1500 m). Eine Badewanne voll verläßt alle drei Sekunden das Flugzeug durch zwei Rohre an den Tragflächen. Durch den Schubstrahl der Triebwerke und durch das Flugzeug selbst wird die Flüssigkeit mit Luft vermischt. Sie wird von der Luft aufgenommen und oxydiert. Kohlendioxid und Wasserdampf sind das Hauptresultat.

Sechs Millionen Teile unter Kontrolle

Zu den Flugunterlagen gehört auch eine Liste der im Augenblick vorliegenden Beanstandungen unseres Flugzeugs. Es mag zunächst verwunderlich klingen, daß ein Flugzeug mit Beanstandungen überhaupt auf Reisen geht. In Anbetracht der fast sechs Millionen Einzelteile eines solch riesigen Apparates gibt es aber nur wenige Flüge ohne jede Beanstandung. Die Schwere und der Aufwand zu ihrer Behebung bestimmen, ob sofort gehandelt wird. Ein tropfender Wasserhahn ist nicht schwerwiegend, ist aber auch leicht zu beheben und wird sofort erledigt. Ist einer der beiden über acht Meter hoch angebrachten Scheinwerfer zum Anleuchten des auf das hintere Leitwerk gemalten Firmenzeichens durchgebrannt, wartet man im allgemeinen, bis das Flugzeug nach ein paar Tagen routinemäßig in der Halle von einem haushohen Gerüst umgeben ist. Ist aber ein

bestimmtes Hydraulikventil undicht, startet der nächste Flug erst nach dessen Reparatur, unabhängig davon, welchen zeitlichen Aufwand die Beschaffung und der Einbau des Ersatzteils verursachen.
Eine meiner Vorflugaufgaben ist es, diese Beanstandungen zu sichten und zu bewerten. Fehler in Flugzeugsystemen können über den Wirkungsbereich in ihrer unmittelbaren technischen Umgebung hinaus auch andere Systeme beeinflussen. Dies kann ständig oder vielleicht auch nur bei ganz bestimmten Konstellationen passieren. Auf jeden Fall werde ich meine Überlegungen als technischer Berater mit meinem Kapitän und meinem Copiloten besprechen. Diese Einschätzungen haben häufig enge Spielräume. Ein ausführliches Regelwerk schreibt bereits bei unzähligen Defekten die Vorgehensweise vor. Dabei berücksichtigt diese Liste auch ein mögliches Zusammenspiel mit anderen Fehlern.

Lufttüchtigkeitsprüfung vor jedem Flug

Jetzt ist es Zeit, vor Ort zu gehen beziehungsweise zu fahren. Nachdem der Kapitän noch eine kurze Information an die Kolleginnen und Kollegen der Kabine gegeben hat, macht sich das »Cockpit« auf den Weg. Weil die Flugzeugkabine gerade gereinigt wird, bleiben die Flugbegleiter noch zurück.
Eine Stunde vor dem Abflug erreichen wir das Flugzeug. Zeit genug für mich, um in der üblichen Geschwindigkeit die Vorflugkontrolle (*preflight check*) durchzuführen. Nach eingehender Untersuchung werde ich später mit meiner Unterschrift im Bordbuch die Lufttüchtigkeit des Flugzeugs bescheinigen. Sie besteht aber nur, wenn die Techniker des Bodenpersonals (*maintenance*) zuvor ihr Okay gegeben haben. Von ihnen wird das Flugzeug in festgelegten Intervallen untersucht.

Die kleinste Inspektion hat einen Abstand von 24 Stunden, die nächstgrößere ist nach einer Woche fällig. Dann gibt es weitere mit noch größerem Abstand. Die größte aller Untersuchungen wird nach ein paar Jahren durchgeführt. Wird schon für eine kleine Untersuchung ein haushohes Dock benötigt, so wird das Flugzeug beim größten Wartungsereignis in diesem Dock völlig auseinandergenommen, und zwar so gründlich, als würde man ein fertiges Wohnhaus bis zum nackten Rohbau abbauen. Bei einer B747 nennt sich das D-Check. Er bindet 250 Techniker fünf Wochen, das macht 50 000 Arbeitsstunden, und funktioniert nur mit großem logistischen Einsatz, der dem technischen Mangel keine Chance läßt.

Bevor ich die vielen Stufen der außen angefahrenen Flugzeugtreppe und die Stufen innerhalb des Flugzeugs ins über acht Meter hohe Cockpit steige, überprüfe ich die äußere Sicherheit und nehme Kontakt mit dem technischen Bodenpersonal auf. Wegen der großen Menge an Kraftstoff und dem daraus resultierenden Zeitbedarf ist das Tanken bereits in vollem Gang. Unmittelbar nachdem wir die Kraftstoffmenge festgelegt hatten, ging die Bestellung per Funk an das Tankpersonal.

Im Cockpit angekommen, es liegt ein Stockwerk über der Hauptkabine, beginne ich mit der im Ablauf genau festgelegten und umfangreichen Überprüfung des Flugzeugs. Alle wichtigen technischen Ausführungen, und das sind fast alle, sind über das eigentlich sichere Maß hinaus noch aufwendiger konstruiert, damit sie besser überprüft werden können.

Als Beispiel seien hier die beiden für niedrige Höhen eingebauten (»Radio«-)Höhenmesser genannt. Sie sind beim Anflug auf eine Landebahn mit geringer Sicht ein lebensnotwendiges Meßsystem. In der Konstruktion davon klar getrennt sind die dazu notwendigen Komponenten. Nur so kann die komplette Höhenmeßanlage während ihres Betriebs mehr als einmal in der Sekunde sicher durchgetestet werden. Das geschieht unmerklich und vollautomatisch. Der dafür erforderliche elektronische Aufwand übersteigt den des eigentlichen Meßsystems. Wird ein Fehler erkannt, erscheint auf dem Zifferblatt des entsprechenden Radiohöhenmessers ein kleines rotes Warnschild. Wir nennen es Flagge (*flag*). Wegen des besonders hohen technischen Aufwands hat die Flagge des Radiohöhenmessers im Vergleich zu allen anderen Warnflaggen im Cockpit den höchsten Wahrheitsgehalt.

Für den Test des Tests wird aber noch der Mensch benötigt. Mit einem simplen Knopfdruck wird unter anderem geprüft, ob die sonst stets unsichtbare Flagge im Fehlerfall auch wirklich herauskommt. Andere Systeme sind nicht so einfach zu überprüfen. Für sie müssen Flüssigkeitsmengen und Temperaturen, Schaltzeiten von Ventilen sowie elektrische Spannungen und ihre Frequenzen gemessen werden. Am Ende dieser Cockpitüberprüfung werde ich insgesamt 1450 Instrumentenanzeigen, Schalter und Sicherungen geprüft beziehungsweise betätigt haben.

Dann kommt der ebenso festgeschriebene Gang außen um das Flugzeug herum (*outside check*). Diese B747-200, mit den Maßen 71-60-20 (Länge-Breite-Höhe in m), würde, vor einem Wohnhaus stehend, sechs Wohngeschosse überragen. Auf einem Fußballplatz müßten zwei Jumbos verschachtelt aufgestellt werden, um nicht in Länge oder Breite ins Aus zu ragen.

Große Spannweiten haben auch eine soziale Komponente. Man trifft beim Außenrundgang den Kollegen vom Flugzeug nebenan, den man so lange nicht gesehen hat; arbeiten wir doch bei einem größeren deutschen Transportunternehmen gemeinsam im Außendienst.

Nach einem halben Kilometer Wegstrecke habe ich den größten Teil der Flugzeugoberfläche von rund 2500

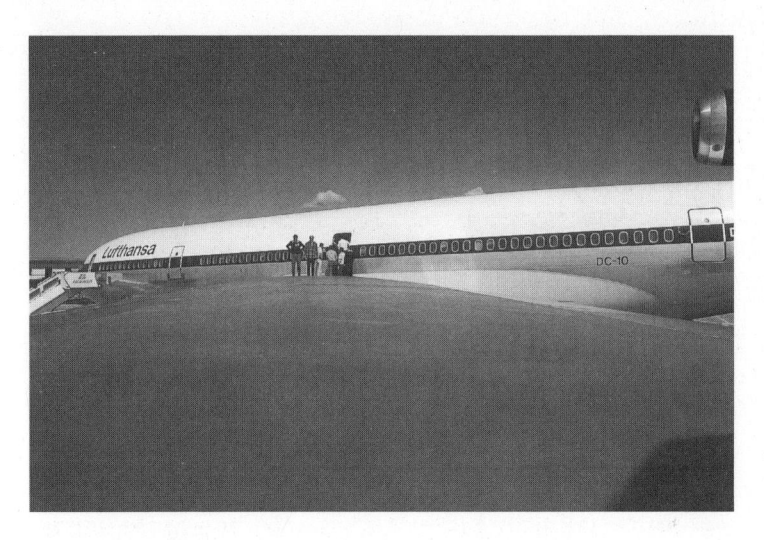

Große Tragflächen haben etwas Soziales (DC 10)

Quadratmetern (entspricht einem Drittel Fußballfeld) betrachtet. Dabei bin ich einen ganzen Katalog von Beobachtungspunkten durchgegangen. Ein- und Auslässe, Ventile, Meßstellen, Antennen, Klappen und Ruder sind nur einige davon. Obwohl die Triebwerke unter einem Blechgehäuse stecken, haben sie viele äußere Merkmale, die ihre technische Ordnungsmäßigkeit bestätigen. Das einfachste ist die Unversehrtheit der 38 Einlaßschaufeln der Motoren. Schaut man von vorn in den 2,30 Meter großen Triebwerkseinlauf (*engine inlet*), sieht man die großen Propellerblätter (*fan blades*). Weil sie am weitesten vorn angebracht sind, sind sie unter Umständen auch die ersten Einlaßschaufeln, die verbogen werden, wenn ein Vogel den fatalen Fehler begeht, dort hindurchzufliegen.

Werden die luftwiderstandsträchtigen Fahrwerke nach dem Start eingefahren, verschwinden diese Riesenteile in noch etwas größeren Fahrwerkschächten. Sie sind größer, weil ihre Wände wegen der zentralen Lage zu Tragfläche und Rumpf sowie ihrer guten Zugänglichkeit mit den verschiedensten Bauteilen »gespickt« sind. So können sie leicht in die Sichtprüfung mit einbezogen werden.

Runderneuerte Reifen mit herausschauendem Gewebe

Nach Beendigung meines Rundgangs habe ich auch 16 Bremsen auf ihren Zustand und 18 Reifen auf Verschleiß und Luftdruck geprüft. Sollten Sie einmal die Gelegenheit haben, solche bis zu 50 Zentimeter breiten Reifen aus der Nähe zu betrachten, könnte ihr vorsichtiges Autofahrerherz ängstlich zu schlagen beginnen. Anstatt an ein kleingemustertes Autoreifenprofil erinnert die Lauffläche mit ihren lediglich drei, fünf oder sechs umlaufenden Längsrillen eher an einen Schubkarrenreifen. Dazu gibt es vielleicht noch große Partien, bei denen schon das Gewebe herausschaut. Dieser Anblick ist kein Grund zur Besorgnis, die Kriterien zum Wechseln eines Flugzeugreifens sind andere als beim Auto. Jeweils zwei umlaufenden Längsrillen sind Bezugsrillen, die lediglich dazu da sind, den Grad des Verschleißes anzuzeigen. Selbst wenn sie rundum verschwunden sind, ist der Reifen noch in vollem Maße brauchbar, obwohl er sein Wechselkriterium erreicht hat.
Was bei Autoreifen häufig als zweitklassig angesehen wird, ist bei Flugzeugreifen erstklassig: Sie werden acht- bis zehnmal runderneuert. Die Kosten betragen nur ein Viertel eines Neureifens, der für ein Jumbohauptfahrwerk für 2200 Mark zu haben ist. Ein Langstreckenflugzeug kommt in seinem Leben auf über 15 000 Starts und Landungen, in dieser Zeit werden über hundertmal die Reifen gewechselt.
Schon lange vor dem Erreichen der Abnutzungsgrenze

Reifenprofil der typischen Art – wie bei der Schubkarre
(DC 10)

kann Gewebe sichtbar werden, das wegen der bei Start und Landung auftretenden Fliehkräfte auch in den Gummi eingearbeitet wurde, der zum Abrieb bestimmt ist. Ohne dieses zusätzliche Kunstfasergewebe könnte kein Flugzeugreifen den auftretenden Belastungen standhalten – und schon gar nicht mit Querrillen im Profil. Vor einem Start mit hohem Gewicht drückt bei dieser B747 jeder der 16 schlauchlosen Hauptfahrwerksreifen mit bis zu 25 Tonnen auf die Bahn, hundertmal mehr Reifenlast als bei einem mittleren Pkw. Das hält ein solcher Reifen, wenn auch nur kurzzeitig, bis 380 Kilometer pro Stunde problemlos durch.
Flugzeugreifen werden nicht wie Autoreifen mit dem normalen Gasgemisch Luft gefüllt, sondern mit in der Luft zu 78 Prozent enthaltenem Stickstoff. Stickstoff ist reaktionsträge. Ein eventueller Reifenbrand auf Grund von Überhitzung, was selten vorkommt, ist deshalb weniger gefährlich. Auch der hocherhitzte und deshalb helleuchtende Glühfaden in einer Glühlampe würde schnell »verbrennen«, wenn in der Glashülle normale Luft statt Stickstoff wäre.

Flugzeuge starten gegen den Wind

Mittlerweile hat der Copilot unter anderem für die uns zugewiesene Startbahn das maximal zulässige Abfluggewicht, verschiedene Geschwindigkeitswerte und andere für den Start wichtige Zahlen berechnet. Da Einfach nicht gilt, überprüfe ich diese von vielen Faktoren abhängige Rechnung. Eine dieser Einflußgrößen ist das Gewicht. Da das Flugzeug mit zunehmendem Gewicht mehr Auftrieb benötigt, muß seine Abhebgeschwindigkeit entsprechend steigen. Ist die Luft dünner, weil der Flugplatz hoch liegt oder das Barometer ein Tief anzeigt, muß das Flugzeug bei sonst gleichen Bedingungen vor seinem Abheben ebenfalls schneller rollen, andernfalls bekäme es nicht den nötigen Auftrieb. Für eine höhere Geschwindigkeit braucht man auch einen längeren Rollweg, schließlich muß das Abhebetempo ja erst einmal erreicht werden. Ist die Startbahn nicht ganz eben, wird das ebenfalls die nötige Bahnlänge beeinflussen. Wie ein Auto braucht ein Flugzeug zum Beschleunigen bergauf mehr Strecke als bergab.

Jeder fliegerische Laie und gelernte Radfahrer würde, ohne lange nachzudenken, glauben, daß ein Flugzeug beim Start mit Rückenwind besser auf die notwendige Geschwindigkeit käme als mit Gegenwind. Daß Gegenwind hemmt und Rückenwind fördert, gilt als bestätigt, wenn es darum geht, aus dem Stand heraus auf Touren zu kommen. Dabei liegt aber unbemerkt eine Prämisse zugrunde, was erst auffällt, wenn sie nicht mehr gilt. Und beim Flugzeug gilt sie nicht!

Für den Start braucht das Flugzeug einen entsprechenden Auftrieb, der nicht von der *Roll*-Geschwindigkeit, sondern von der *Luft*-Geschwindigkeit abhängt. Herrscht kein Wind, sind Roll- und Luftgeschwindigkeit gleich. Bei Gegen- oder Rückenwind jedoch sind diese beiden Geschwindigkeiten ungleich. Selten herrscht Windstille, und so wird der Start gegen den Wind durchgeführt.

Dabei spielt es keine Rolle, ob der Wind genau von vorn bläst oder von der Seite. Nehmen wir an, das Flugzeug stehe schon auf der Startbahn und der Wind von vorn betrüge 20 Kilometer pro Stunde. Bei dieser Windstärke würden die Tragflächen schon im Stillstand mit 20 Kilometern pro Stunde angeströmt werden. Damit hätten sie bereits entsprechend dieser Geschwindigkeit Auftrieb. Rollte das Flugzeug nun los und der Wind änderte sich nicht, läge der Auftrieb immer um diese 20 Kilometer pro Stunde höher als die Rollgeschwindigkeit.

Für unseren heutigen Start ist die errechnete notwen-

dige Abhebgeschwindigkeit 328 Kilometer pro Stunde. Obwohl sie rollend erreicht wird, ist mit diesem Wert natürlich die Luft- und nicht die Rollgeschwindigkeit gemeint. Die Luftgeschwindigkeit wird auf dem Fahrtmesser im Cockpit angezeigt. Da wir heute eine Windkomponente von 20 Kilometern pro Stunde von vorn erwarten, wird sie mit umgerechnet 328 Kilometern pro Stunde angezeigt, obwohl die Rollgeschwindigkeit 308 beträgt. Das Flugzeug muß also nur auf diese Geschwindigkeit beschleunigt werden. Dies gilt bei Gegenwind, nicht bei Rückenwind!
Alle variablen Wettergrößen können erheblichen Einfluß auf die Leistungswerte (*performance*) des Flugzeugs haben. Unter Umständen kann eine um nur ein Grad Celsius höhere Außentemperatur eine Gewichtsbeschränkung von über 2000 Kilogramm mit sich bringen. Der Grund liegt im Antrieb. Die maximale Triebwerksleistung ändert sich mit der Temperatur und dem Luftdruck. Die Temperatur in der Triebwerksturbine darf nicht über einen festgelegten Wert hinaus ansteigen. Obwohl vom Material her ein technischer Leckerbissen, gehorcht auch sie nur irdischen Gesetzen. Steigt die Umgebungstemperatur und arbeitet das Triebwerk bereits an seiner thermischen Leistungsgrenze, darf es sich nicht weiter erhitzen. Sein Schub muß reduziert werden.

Nur nach Litern zu tanken wäre viel zu ungenau

Von allen noch vor dem Anlassen durchzuführenden Arbeiten wird eine die Prüfung und Dokumentierung des Kraftstoffs sein. Was wäre die aufwendige Kraftstoffberechnung ohne eine entsprechend genaue Kraftstoffmengenbestimmung. Beim Betanken eines Autos kommt gewöhnlich niemand auf die Idee, argwöhnisch die Literzahl der Zapfsäule mit der Tankuhr im Auto zu vergleichen. Die Autoanzeige, zwischen voll und leer häufig nur mit vier Strichen unterteilt, ist gegenüber der geeichten Zapfsäule kaum mehr als ein Nachweis, ob der Tankvorgang überhaupt erfolgte. Sicherlich wichtig für die heutigen Multishop-Tankstellen, in denen man beim Abarbeiten seines Einkaufszettels das Tanken durchaus einmal vergessen kann.

Die Gemeinsamkeit beim Auftanken von großen Flugzeugen und Autos besteht nur darin, daß die Verbindung durch einen Schlauch hergestellt wird. Je zwei Schläuche, unter jeder Tragfläche angeschraubt, können mit dem nötigen Druck unser Flugzeug mit bis zu 3000 Litern pro Minute betanken. Dabei bedient man sich einer fahrenden Zapfsäule. Diese hängt entweder an einem dickbauchigen Tankwagen, oder sie wird mit unterirdischen Kraftstoffleitungen verbunden. Die Zapfsäule mißt in gleichen Einheiten wie die Autotankstelle in der jeweiligen Nachbarschaft. In Deutschland in Litern, in England in Imperial Gallon (4,53 l), hier in Atlanta in US-Gallon (3,785 l). Egal, welche Maßeinheit, und egal, wie präzise gemessen wird, es handelt sich immer um ein Volumenmaß mit schwankender Masse. Kalter Kraftstoff ist dichter als warmer, und so paßt in ein Litergefäß mehr kalter als warmer Kraftstoff. Dies ist keine Besonderheit beim Kraftstoff, sondern trifft auf nahezu alle Flüssigkeiten zu. Vielleicht werden Sie ab sofort nur noch am kühlen frühen Morgen schattige Tankstellen aufsuchen. Daß Sie bei diesem Einkauf physikalisch richtig handeln, wird Ihnen möglicherweise noch am Vormittag desselben Tages in ihrer sommerlich knuffigwarmen Garage nachgewiesen. Das Benzin erwärmt sich und dehnt sich aus. Ist der Tank noch gut gefüllt, gilt: Die Dichte wird geringer und der Tank zu klein. Der Profit beim Einkauf fließt in die Garage.

Automotoren brauchen zum Laufen Energie, die sie

dem Benzin entnehmen. Wieviel Energie zur Verfügung steht, hängt von der zur Verfügung stehenden Benzinmasse ab, nicht von dem temperaturabhängigen Volumen. Will man den Verbrauch ausreichend genau bestimmen, muß Benzin gewogen werden. Tankuhren im Auto müßten in Kilogramm geeicht sein, und an der Tankstelle müßte nach Gewicht verkauft werden. Das alles wäre hoher technischer Aufwand, der vom Autofahrer nicht honoriert werden würde. Er will es nämlich gar nicht so genau wissen, sonst würde er beim Nachrechnen des Verbrauchs berücksichtigen, daß schon der Kilometerzähler häufig drei Prozent zuviel anzeigt.

So ein Drei-Prozent-Einzelfehler wäre bei der Verbrauchsrechnung eines großen Verkehrsflugzeugs nicht zumutbar. Eine exakte Messung erfordert aber zunächst sicheres Wissen über den Tankinhalt. Dazu ist die Gesamtmenge Kraftstoff im Cockpit ablesbar. Natürlich in Kilogramm! Eine komplizierte sogenannte kapazitive Mengenbestimmung liegt der Messung zugrunde. Steht der Tankinhalt schräg, weil das Flugzeug nicht genau waagerecht parkt, wird dies bei der Messung automatisch berücksichtigt. Um ganz sicher zu sein, steckt manch ein Pilot kleiner Sportmaschinen nach dem Tanken seinen ausgestreckten Zeigefinger in den üblicherweise vollen Tank. Ich bediene mich statt dessen eines Testknopfs, der auf elektronischem Wege das gesamte Tankmeßsystem überprüft.

Trotz dieser pingeligen Meßtechnik glaubt man das Ergebnis erst, wenn es doppelt geprüft worden ist. Dazu wird vor dem Tanken die zu tankende Menge in Kilogramm bestimmt. Da der Tankwagen nur in Litern messen kann, ermittelt der Tankwart die augenblickliche Dichte seines Kraftstoffs. An Hand meiner gewünschten Kilogrammmenge ist es eine einfache Rechnung, daraus die entsprechende Literzahl zu ermitteln. Und die muß

Erst die Tragfläche, dann der Rumpf drumherum

letztlich innerhalb enger Toleranzen auf der Tankuhr stehen.
Heute sollen sich zum Zeitpunkt des Triebwerkstartens 121 300 Kilogramm Kraftstoff in den Tanks befinden. Das entspricht bei einer mittleren Dichte von 0,80 Kilogramm pro Liter genau 151 625 Litern oder rund 152 Kubikmetern. Auf ein nachfühlbares Maß gebracht, entspricht das einer 60 Quadratmeter großen Wohnung, bis zur Zimmerdecke, in der Standardhöhe von 2,55 Metern, gefüllt. Der Tankinhalt eines Pkw paßt dagegen in einen gängigen Reisekoffer. Im Flugzeug werden diese großen Mengen aus Sicherheitsgründen auf mehrere Tanks verteilt. Flugzeuge haben mindestens so viele Tanks wie Motoren. Damit kann, vor allem bei Start und Landung, jeder Motor aus einem separaten Tank versorgt werden. Auf diese Weise beeinflußt ein

etwaiger Fehler in der Kraftstoffversorgung nur einen einzelnen Motor.

Unser Jumbo hat sieben Tanks unterschiedlicher Größe. Obwohl ein großer Teil des Kraftstoffs innerhalb des Rumpfes untergebracht ist, befinden sich alle Tanks in den Tragflächen. Wir sprechen zwar normalerweise von zwei Tragflächen, doch diese sind bei großen Flugzeugen in Wirklichkeit ein einziges Bauteil, das von der einen Tragflächenspitze bis zur anderen reicht. Beim Zusammenbau des Flugzeugs wird dieses Teil nicht durch den Rumpf geschoben, sondern der Rumpf wird darumherumgebaut. Deshalb ist auch strenggenommen der Rumpf an *der* Tragfläche befestigt und nicht *die* Tragflächen am Rumpf.

Da dieses Tragflächenbauteil zur Mitte hin erheblich an Dicke zunimmt, befindet sich dort auch der überwiegende Teil der Kraftstoffmenge. Die Tanks werden durch die Tragfläche selbst gebildet, die dafür Niet für Niet liebevoll abgedichtet wurde. Nur so läßt sich dauerhaft verhindern, daß sich ein Tank mit seinen unzähligen Nieten nach dem Durchfliegen einer Turbulenz nicht wie ein poröser Tonkrug verhält. Die Tragfläche ist nämlich nicht steif, sondern darf sich bei Turbulenzen in weiten Bereichen elastisch verformen. Die letzten Grenzen der Belastung sind bei dieser B747 mit ihrer jeweils 26 Meter aus dem Rumpf ragenden Tragfläche erst erreicht, wenn ihre Spitze sieben (!) Meter nach oben oder nach unten gebogen wird.

Kommt es wirklich einmal zu einem tropfenden Tank, wird nach der Landung repariert. Die Gefahr liegt in der sich am Boden bildenden Pfütze, nicht im Verlust an Kraftstoff. 20 Tropfen füllen einen Kubikzentimeter. Jede Sekunde ein Tropfen macht bei einem Zehnstundenflug nur 1,8 Liter.

Der Flugingenieur hat die beste Sicht auf alle Instrumente

Nachdem nun jeder seinen Teil zum Gelingen des bevorstehenden Fluges beigetragen hat, sitzen wir drei Cockpitleute auf unseren Sitzen. Weltweit sitzt in einem Flugzeug der Kapitän als Kommandant vorn links (auch in Großbritannien). Den zweiten Flugzeugführer nennt man Copilot. Er sitzt rechts vom Kapitän. Gleich hinter den beiden, in der Mitte des Flugzeugs, ist mein auf Schienen befindlicher Flugingenieursitz montiert. Zum Start ist er mit Blickrichtung nach vorn ganz vorgeschoben. So habe ich einen hervorragenden Blick auf die sich vor den Flugzeugführern befindlichen Instrumente und nach draußen. Mein Sitz läßt sich elektrisch mit beachtlichem Tempo auf seinen Schienen vor- und zurückfahren. Das kann notwendig sein, wenn es ausnahmsweise kurz nach dem Abheben am Flugingenieurschaltpult etwas zu betätigen gibt. Zu dieser Zeit hat das Flugzeug seine Nase noch oben. Einmal mit dem Sitz nach hinten gefahren, käme ich bei einem solchen Anstellwinkel nur schwer wieder nach vorn.

Das gesamte bis zur Decke reichende Flugingenieurschaltpult (*Flight Engineer panel*, kurz *FE-panel*) mit seinen über 800 Schalt-, Prüf- und Einstellmöglichkeiten ist in Flugrichtung gesehen rechts hinter dem Copilotensitz angebracht. Es steht längs zur Flugrichtung, so daß ich mit meinem Sitz daran »vorbeifahren« kann. Ich sitze im technischen Zentrum des Flugzeugs und kann, ohne aufzustehen, in Armlänge alle Schaltstellen erreichen. Das Nichtaufzustehenbrauchen ist keine Frage der Bequemlichkeit, sondern aus Sicherheitsgründen unumgänglich. Cockpitbesatzungen sind auf ihrem Sitz immer angeschnallt, um auch in den äußerst seltenen Fällen widrig wirkender Naturkräfte nicht von ihren Sitzen verdrängt zu werden.

Während ich das Flugzeug auf seine Lufttüchtigkeit untersucht habe, waren Kapitän und Copilot nicht untätig. Unter anderem machten sie sich mit den Besonderheiten der bevorstehenden Strecke vertraut, und die beginnt bereits hier an der Parkposition. Großflughäfen mit ihren unüberschaubaren Flächen und dem Wirrwarr an Rollwegen zu den manchmal bis zu einem halben Dutzend Start- und Landebahnen sind ohne entsprechendes Kartenmaterial nicht zu berollen. Der größte Flughafen der Welt ist zur Zeit der neue in Denver im US-Staat Colorado. Er hat 137 Quadratkilometer Fläche. Damit soll er doppelt so groß sein wie die Stadt San Francisco.

An Hand der Streckenkarten haben die Flugzeugführer die Kopie des bereits von unserer Dienststelle aufgegebenen Flugplans geprüft. Zu jedem Flug muß bei der Flugsicherungskontrollstelle des Abflughafens im voraus ein Flugplan eingereicht werden. Er enthält unter anderem die voraussichtliche Startzeit und die Beschreibung des gesamten Flugwegs bis zum Zielflughafen. Nur so kann die Flugsicherung frühzeitig genug für die Strecke die nötige Koordination mit anderen Flügen durchführen. Dabei kommt es wegen Überlastung bestimmter Flugstraßen immer wieder vor, daß die Erlaubnis zum Start auf einen späteren Zeitpunkt verlegt wird. Wegen des streng begrenzten anzugebenden Spielraums in Minuten nennen wir dieses leicht zu Verspätungen führende Zeitfenster »slot«.

Ein Flugzeug muß zum Start ausgetrimmt sein

Jetzt reicht der Lademeister den Ladeplan mit der endgültigen Gewichtsberechnung und ihrer Verteilung ins Cockpit. Dieses Dokument (*load & trimsheet*) weist nicht nur das Gesamtgewicht des Flugzeugs aus, sondern gibt auch seinen nicht weniger wichtigen Schwerpunkt an.

Dieser variiert je nach Passagierverteilung und Beladung von Kraftstoff und Fracht. Wäre ein schwerer Frachtcontainer im hinteren der sich unter dem Passagierfußboden befindlichen Fluträume geladen, läge der Schwerpunkt des Flugzeugs weiter hinten. Würde dies nicht berücksichtigt, würde das Flugzeug beim Abheben verstärkt die Nase hochnehmen. Flögen alle Passagiere vorn in der ersten Klasse, wäre der Schwerpunkt weiter vorn. Beim Abheben würde sich die Nase des Flugzeugs nur widerwillig heben.
Ein Flugzeug muß in allen Fluglagen ausgetrimmt sein. Das macht der Flugzeugführer von Hand oder der Autopilot automatisch. Beide »erfliegen«, ob eine Trimmung nötig ist. Ausgetrimmt ist ein Flugzeug, wenn es, mit allen Steuerungen in neutraler Stellung, seine Flugbewegung beibehält. Ausgetrimmt könnte der von Hand fliegende Flugzeugführer sein Steuerrad kurzzeitig loslassen.
Zur Trimmung wird ganz einfach die Neutrallage von Höhen-, Seiten- und Querruder verstellt. Zur Unterstützung des Höhenruders wird die gesamte Höhenruderflosse mitverstellt, an deren hinterem Ende sich das Höhenruder befindet. Die Höhenruderflosse wird an Hand der Schwerpunktberechnung bereits vor dem Start verstellt, so daß sich das Flugzeug schon beim Abheben neutral verhält. Denn schließlich kann sich kein Flugzeugführer der Welt vor dem Abheben den Schwerpunkt erfliegen.

Von der Exerzierkarte zur Checkliste

Jetzt wird die erste Checkliste eingesetzt. Sie ist ein einfaches und äußerst wirksames Mittel, um zu überprüfen, ob getan wurde, was getan werden sollte. Schließlich ist niemand unfehlbar. Vor dem Anflug auf einen Flughafen wird abgefragt, ob die eingehende Anflugbesprechung erfolgt ist. Sie erfolgt immer, auch wenn es sich um den Heimatflughafen handelt und jeder dort schon tausendmal gelandet ist. Die Maschine betreffend, wird Sicherheitsrelevantes, aber auch Wirtschaftliches überprüft. Obwohl die Stellung von Vorflügel und Klappen technisch abgesichert ist, fragt die Checkliste vor Start und Landung ihre Lage genau ab. Eine falsche Einstellung wäre nur schwer zu korrigieren. Unwirtschaftlich in jeder Hinsicht wäre eine fehlerhafte Voreinstellung der Systeme zum Anlassen der Triebwerke. Sie könnten Schaden nehmen.

Während des Zweiten Weltkriegs gab es für Piloten eine Exerzierkarte mit Anweisungen. Sie enthielt eine stichwortartige Übersicht aller zeitlich aufeinanderfolgenden Handlungen und war eine komplette Gedächtnisstütze, die sich später bei der Einführung der Jettriebwerke wegen der großen Menge von Handhabungen schnell auf die heutigen Checklisten reduzierte. So hat diese B747 zwölf Checklisten für den Alltag. Für besondere technische Störungen stehen noch etwa 100 weitere (*abnormal checklists*) zur Verfügung, die alle vom Flugingenieur vorgelesen werden. Parkt das Flugzeug, werden die Alltags-Checklisten (*normal checklists*) vom Copiloten vorgelesen, rollt oder fliegt es, ist dies die Aufgabe des Flugingenieurs.

Der Lademeister und anderes Bodenpersonal sind inzwischen von Bord. Der Einsteigfinger fährt zurück. Auf einer Kontrolltafel registriere ich gerade das Verschließen des letzten Frachtraums. Damit sind sämtliche Türen und Zugangsklappen geschlossen. Eine kurze Cockpitbesprechung durch den Kapitän (*cockpit briefing*) ist schon erfolgt. Sie soll neben der Behandlung von Fakten auch dazu dienen, daß wir drei uns ein wenig kennenlernen. Auf Grund der Flottengröße und der daraus resultierenden Personalstärke kommt es immer wieder vor, daß alle drei zum erstenmal miteinander fliegen. Bei Langstreckenflügen geht man nach dem Ende des Flugumlaufs wieder auseinander. Einsatzplantechnisch bedingt hat jeder eine andere Dienstfolge. Für die Arbeit im Cockpit ist das sogar wünschenswert. Wissen wird verteilt. Jeder erfährt etwas von jedem.

Gerade hat uns die Flugsicherung unseren Flugplan bestätigt. Jetzt bekommen wir von der Bodenkontrolle (*ground control*) die Erlaubnis zum Anlassen der Triebwerke und zum Rausrollen aus unserer Parkbucht. Mit Hilfe der APU, und damit unabhängig von Bodenaggregaten, werden wir während des Zurückrollens die vier Triebwerke nach dem Lesen der Anlaß-Checkliste in einer bestimmten Reihenfolge starten. Ein Flugzeugschlepper, mit einer Stange am Bugfahrwerk befestigt, vom Cockpit aus nicht einsehbar, schiebt uns zurück. Per Sprechanlage besteht Kontakt zu einem für uns ebenfalls nicht sichtbaren Techniker, der während dieser Prozedur vorn neben dem Flugzeug mitgeht. Er stellt sicher, daß sich beim Anlassen leichte Gegenstände hinter unserem Flugzeug in respektvoller Entfernung halten. Wie erwähnt, lieben Triebwerke das Umblasen von Menschen und Autos.

Bremsklötze auch für die modernsten Flugzeuge

Alle Flugzeuge der Welt haben erstklassige Bremsen, die aber zum Parken nicht taugen. Zum einen könnten die warmen Bremsscheiben zusammenkleben, zum anderen ist der nötige, von der Hydraulik kommende Bremsdruck auf Dauer nicht sichergestellt. Darum liegen an den Rädern schlichte Holz- oder Gummiklötze, die das Wegrollen verhindern. Fühlbares Rumsen im Flugzeug vor dem Wegrollen deutet darauf hin, daß jemand versucht, einen festsitzenden Bremsklotz mit Hilfe eines zweiten

loszuklopfen. Wann das passiert, muß genau festgehalten werden. Die Brems-»Blöcke« haben diesem Zeitpunkt ihren Namen gegeben: Blockzeit (*on-block, off-block*)! Eintrag ins bordeigene Flugbuch (*flight log*): 21:58, zwei Minuten früher als geplant.
Anlassen ist, wie alles, Dreimannsache. Starterluftventil auf! Druckabfall? Drehzahlanstieg? Kraftstoffventil auf! Kraftstoffventil gefahren? Stoppuhr! Anfangseinspritzmenge? Turbinentemperatur? Kraftstoffdruckanstieg? Beschleunigung? Zweite Drehzahl vorhanden? Öldruck? Hydraulikdruck? Starterluft absperren! Wirklich geschlossen? Generatorspannung und Frequenz? Maximale aufgetretene Turbinentemperatur? Leerlaufdrehzahlen? Dann das Ganze noch dreimal. Fehler sind selten, aber möglich. Es ist genau festgelegt, wie dann zu verfahren ist.
Bis der Bodentechniker, nachdem wir zurückgerollt sind, dem Kapitän mit Handzeichen versichert, daß Schlepper und Stange verschwunden sind, und der Copilot die Rollfreigabe vom Kontrollturm erhalten hat, bringe ich das Flugzeug in einen rollfähigen und später beim Rollen in einen flugfähigen Zustand. Dazu sind umfangreiche Schaltungen und Prüfungen notwendig. Je vier Erzeuger von Elektrik, Pneumatik und Hydraulik greifen ineinander und wollen sinnvoll verschaltet sowie geprüft werden. Sieben Kraftstofftanks mit Pumpen und Verteilernetz rufen nach Ordnung. Die aufwendige Druckregelung zur Klimatisierung des Flugzeugs kommt hinzu. Die APU beendet ihren Dienst.
Zu den großen Systemen kommen zahlreiche kleine technische Einheiten, die alle unverzichtbar sind. Da sind die Navigationsempfänger, die von den Flugzeugführern bereits im Hinblick auf das bevorstehende, für alle Großflughäfen individuell festgelegte, komplizierte Abflugverfahren eingestellt wurden. Ihre einwandfreie Funktion läßt sich anhand entsprechender Anzeigen

genau kontrollieren. Und dann ist da noch die Cockpitscheibenheizung. Sie muß funktionieren, denn sehr bald wird es draußen kalt, und unbeheizt beschlagen die Scheiben viel schneller, als ein Flugzeug anhalten kann. Dann sind da die Bremsen. Sie stehen dank umfangreicher Anzeigen ständig unter Kontrolle. Temperaturen sind ablesbar, und Fehler im Antiblockiersystem (*anti skid*) sind genau zu lokalisieren. Schließlich wollen alle Küchenöfen mit Strom und alle Kaffeemaschinen darüber hinaus noch mit Wasser unter ausreichendem Druck versorgt werden. Die Aufzählung aller zu bearbeitenden technischen Einrichtungen würde zu lange dauern.

Der Grad der Automatisation ist hoch in modernen Verkehrsflugzeugen. Vor dem Start der Triebwerke sind die Flugzeugführer noch immer mit umfangreichen navigatorischen Vorbereitungen beschäftigt, doch vom Triebwerkanlassen bis zum Aufrollen auf die Startbahn reduziert sich ihre Arbeit erheblich. Zum Anlassen genügt das Umlegen eines Schalters. Ein Computer, verbunden mit allen relevanten Systemen, prüft, läßt laufen oder führt die entsprechenden Aktionen selbst durch. Paßt etwas nicht zusammen, erscheint eine Meldung auf dem Bildschirm. Das Abflugverfahren mit seinen »Eckwerten« wie Frequenzen, Koordinaten, Richtungen und Höhen muß nicht Stück für Stück von Karten abgelesen und eingegeben werden.

All das, so sagt der Besitzer eines beinahe durchschnittlichen Haushalts, könnte mein häuslicher PC (*personal computer*) auch. Weit gefehlt! Die Betriebsbedingungen sind äußerst rauh. Was nicht den ungefederten Ritt quer durch die sengende Wüste aushält, kommt für den Einbau schon gar nicht in die engere Wahl.

Laufen Computer vom Fließband, so funktionieren sie noch nicht. Erst ihr Programm macht ihnen Beine. Neudeutsch ist der Computer die Hardware und das Programm die Software. Diese Software sagt, was, wann, wo und wie gemacht werden soll. Sie kann, wie bei der modernen Flugzeugsteuerung, hochkompliziert sein. Sie läuft aber nicht ohne umfangreiche, manuell geschaffene und immer dem aktuellen Stand hinterherlaufende Daten.

Flugführung auf Diskette

Eine besondere Erfindung für das Zweimanncockpit ist ein unscheinbares Hilfsmittel für die Navigation. Es erleichtert dem Flugzeugführer die Arbeit. Man nennt es FMS (*flight management system*). Dieses Kürzel steht für ein Flugführungssystem, dessen sichtbarer Teil im Cockpit an einen besseren Taschenrechner erinnert. Wie bei allen vom Cockpit aus beeinflußbaren elektrischen und elektronischen Geräten sind auch bei diesem mindestens doppelt vorhandenen FMS aus Platzmangel nur die Ein- und Ausgaben im Cockpit installiert. Die zugehörigen schwarzen Kisten stehen im elektrischen und elektronischen Abteil bei den anderen wichtigen stromverbrauchenden und wärmeproduzierenden Kisten.
Das FMS greift in die verschiedenen Flugzeugsysteme ein, holt sich bei ihnen Daten oder steuert sie. Außer der Horizontalnavigation hat es auch die Vertikalnavigation erobert. Es ist in der Lage, das Flugzeug nicht nur einfach zu steuern, sondern auch kostenoptimiert zu führen. Dazu hat es eine große Menge Daten gespeichert; sämtliche Angaben über Mindestflughöhen, alle Navigationssender mit ihren Frequenzen und die genauen geographischen Koordinaten des gesamten vom Flugzeug überflogenen Gebiets. Das FMS errechnet auch die geographische Lage des Flugzeugs. Dafür peilt es die umliegenden Navigationssender an und neuerdings auch Satelliten, mit der Satellitennavigation (*global positi-*

oning system – GPS). Das noch zu beschreibende Navigationsgerät IRS (*inertial reference system*) dient dabei als Stabilisator der Meßdaten. Es ist in der Lage, zwischen zwei FMS-Peilungen weiter die geographische Lage des Flugzeugs zu bestimmen.

So steuert das FMS das ihm anvertraute Flugzeug im genau richtigen Tempo in den Himmel und vom Reiseflug zum Anflug. Einbiegen auf die Verlängerung der Landebahn, Gleitweg-Abfliegen, Aufsetzen, Anhalten. Alle Ortsdaten auf einer 3,5-Zoll-Diskette. Dieselbe Diskettengröße, auf der »man« zu Hause seinen Flugsimulator hat.

Die Automatisation scheint gelungen, aber: Das FMS spricht nicht mit der Flugsicherung (*air traffic control* – ATC). Es hat nicht gelernt, eine von dort gegebene Anweisung umzusetzen. Angeordnete Geschwindigkeiten und Anweisungen zum Anflugkurs, bei großen Flughäfen ist das üblich, vielleicht auch noch mit einer Warteschleife verbunden, müssen der Steuerung des Flugzeugs manuell beigebracht werden. Obwohl auch für den automatischen Flug bei dichtem Nebel gedacht, das alleinige Vertrauen in das FMS wäre ein Fehler. Ohne die Zuhilfenahme der bekannten Navigationsmittel landet kein Flugzeugführer sein Flugzeug.

Die im 28-Tage-Rhythmus ausgewechselte Diskette enthält in komprimierter (Fachsprache: und kompilierter) Form über eine halbe Million Navigationspunkte, weit über 10 000 Routen einer einzelnen Fluggesellschaft und mehrere tausend Änderungen. Obwohl ihre regelmäßige Erstellung in internationaler Zusammenarbeit einen ungeahnten Aufwand verlangt, glaubt niemand, daß das Ergebnis fehlerfrei ist. Moderne Flugzeuge mit solchen und weiteren Automatisationshilfen reduzieren die Arbeitsbelastung in einem Cockpit aber immerhin so weit, daß nur noch zwei Flugzeugführer nötig sind. Unregelmäßigkeiten jedweder Art führen jedoch immer zu

erhöhter Belastung. Nichtsicherheitsrelevante Beanstandungen bleiben unbearbeitet. Gezielte Fehlersuche während des Fluges, die der Flugingenieur durchführen könnte, muß entfallen.
Wir rollen jetzt mit eigener Kraft. Der Copilot fährt mit einem Hebel Vorflügel und Klappen auf die berechnete Größe aus und bewegt zur Funktionsprüfung Höhen-, Seiten- und Querruder über ihren gesamten auf einem Instrument nachprüfbaren Bewegungsbereich. Viele weitere Einzelprüfungen folgen. Eine genaue Beschreibung der vorgeschriebenen Abflugroute (*take-off briefing*) durch einen Flugzeugführer folgt. Damit ist für uns drei im Cockpit gleicher Wissensstand sichergestellt.

Das Rollen ist die Vorbereitung zum Start

Zu diesem Briefing gehört auch immer die Besprechung eines möglichen Triebwerkausfalls mit danach fortgesetztem Start. Dabei geht es darum, wie man wohin fliegt. Meist ist in so einem Fall der Startplatz auch der Landeplatz. Was bei einem Triebwerkausfall zu tun ist, bedarf keiner weiteren Erklärung, es ist streng festgelegt und erfordert schnelles Handeln.
Die ausgerechneten Startdaten, auf einem kleinen Formblatt festgehalten, nennen eine bestimmte Geschwindigkeit: V1. Erreicht das Flugzeug beim Beschleunigen auf der Startbahn diese Geschwindigkeit, ruft der auf diesem Flug nicht steuernde Flugzeugführer laut »Go«. Bei einem danach erfolgten Triebwerkausfall müßte der Start fortgesetzt werden. Die verbleibende, wenn auch reduzierte Beschleunigung reicht aus, um das Bahnende in mindestens zwölf Metern Höhe zu überfliegen.
Erfolgt ein Triebwerkausfall vor dem Ausruf »Go«, wird der Start unverzüglich abgebrochen. Sofort werden die

Bremsen und der Umkehrschub an den verbleibenden Motoren aktiviert, und das Flugzeug kommt vor dem Bahnende zum Stehen. Wenn beides nicht möglich ist, den Start fortzusetzen oder abzubrechen, darf der Start gar nicht erst begonnen werden. Ebenso darf nicht gestartet werden, wenn ein respektvolles Überfliegen (genau definiert!) von möglichen Hindernissen in der Nähe des Flughafens wie Bergen, Türmen oder Schiffen in einem angrenzenden Hafen nicht möglich ist.

Der Motorausfall muß schnell, eindeutig und sicher signalisiert werden. Er wird vom Flugingenieur ausgerufen. Bis dahin hat der lückenlos neben anderen Anzeigen die in der Mitte vor den Flugzeugführern eingebauten wichtigsten Triebwerksanzeigen beobachtet. Das sind sechzehn im Jumbo!

Vor Beginn des Rollens zur Startbahn wechseln wir die Funkfrequenz zur Rollkontrolle, die sich im Kontrollturm befindet. Sie beschreibt uns präzise den Weg zum Startpunkt. Die Bezeichnungen der Wege sind meist Buchstaben, und so rollen wir die längste Strecke über den Weg »M«, gesprochen »Taxiway Mike«. Einzelne Buchstaben kommen schlecht rüber, und so bedient sich die Fliegerwelt auch hier des Buchstabieralphabets Alpha, Bravo, Charly, Delta ...

Rollweg »Mike« führt uns parallel an unserer Startbahn entlang. Leicht bergab mit Blick auf die Innenstadtsilhouette der, so sagt man, einzigen wirklichen Großstadt zwischen Washington und New Orleans. Vor 150 Jahren nur eine schlichte Eisenbahnendstation, hat Atlanta heute einen der größten Flughäfen der Welt, auf dessen Spuren, die zu den vier parallelen Start- und Landebahnen führen, es von Flugzeugen nur so wimmelt. Die Abfertigungshallen sollen 20,5 Hektar groß sein. Das entspräche 28 Fußballfeldern.

Vor uns starten nacheinander drei Maschinen. Am Ende des Rollwegs Mike halten wir an. Wir stehen hinter

zwei weiteren Flugzeugen, die auf die Starterlaubnis warten. Jetzt wechseln wir die Sprechfrequenz innerhalb des Kontrollturms zum »Tower«. Ein Flugzeug ist nicht wie vielfach angenommen immer mit *dem* Tower verbunden, diese Stimme herrscht nur über den startenden und landenden Verkehr, eventuell sogar nur auf dieser Bahn. Bereits kurz nach dem Abheben werden wir pflichtgemäß zu »Atlanta« und auf Anforderung wenige Minuten später zu »Atlanta Control« wechseln. Dies sind Flugsicherungskontrollstellen, die nicht unbedingt auf dem Flughafen angesiedelt sein müssen. Auch die von ihnen verwendeten Radargeräte stehen häufig irgendwo in der Landschaft an geographisch günstigen Stellen. So sitzt beispielsweise die Flugsicherung für den norddeutschen Luftraum in Bremen, Düsseldorf und Maastricht (Niederlande). Die dazugehörigen Radargeräte mit ihren großen und sich stetig drehenden Antennen stehen in Boostedt bei Neumünster, Bremen, oben im Deister westlich von Hannover und bei Lüdenscheid.
Die beiden Flugzeuge vor uns sind inzwischen abgeflogen. Jetzt haben wir die Freigabe zum Aufrollen auf die Startbahn. Einiges ist noch zu schalten, anderes zu prüfen. Die letzte Checkliste vor dem Start wird verlesen. Bevor nun die Reifen zu ihrem anspruchsvollen 2,5-Kilometer-Lauf kommen, haben sie bereits Schwerarbeit hinter sich. Die beiden Bugfahrwerksreifen haben es verhältnismäßig leicht, weil die größte Last auf den Hauptfahrwerken liegt. Die Hauptfahrwerke sind so angebracht, daß das Flugzeug vorn schwerer ist und somit durch das Bugfahrwerk eine stabile Lage bekommt. Das Bugfahrwerk ist vom Cockpit aus mit Hilfe zweier jeweils seitlich neben den Flugzeugführern angebrachter Hebel lenkbar. Die meisten Flugzeugtypen haben zwei Hauptfahrwerke, einige drei, dieser Jumbo hat sogar vier. Da diese vier Stelzen mit ihren 16 Rädern nicht in einer

Reihe stehen, sondern das innere Paar weiter hinten angebracht ist, würden ihre Reifen ohne zusätzliche eigene Lenkung – entsprechend dem Prinzip beim Langholzfuhrwerk – in einer scharfen Kurve über Gebühr »radieren«.

Die Gummiwolke bringt nicht den größten Verschleiß

Jeder der Hauptfahrwerksreifen trägt annähernd 25 Tonnen Last. Um die beim Rollen durch das hohe Auflagegewicht verursachte Belastung in Grenzen zu halten, beträgt der Reifendruck 13 bar (das 13fache des normalen Luftdrucks). Ein Pkw-Reifen hat etwa zwei bar und ein Lkw-Reifen (identisch mit schmalen Fahrradreifen!) etwa sechs bis acht bar Luftdruck. Jeder hat schon beobachtet, daß sich alle Reifen dort, wo sie die Straße berühren, eindrücken. Beim Rollen radieren sie auf der Straße ständig Gummi ab. Das Reifenmaterial wird auf diese Weise so hin- und hergebogen, daß die Reibung das Gummi erwärmt. Der Fachmann nennt das Walkarbeit.
Unabhängig von den stattlichen 1,25 Metern Durchmesser und den sportlichen 50 Zentimetern Breite läßt sich bei einem Reifen mit 13 bar Druck und 25 Tonnen Last durch eine einfache Division ermitteln, wie weit er sich auf seiner Unterlage eindrückt (4 Prozent Druckzunahme durch das Eindrücken vernachlässigt), nämlich bis die Fläche 1900 Quadratzentimeter beträgt (25 000 kg dividiert durch 13 kg/cm^2): drei Seiten DIN A4. Bei diesem Vorgang gibt's wegen der Walkarbeit Wärme pur. Würde unser Jumbo mit maximalem Gewicht und einer Geschwindigkeit von ungewöhnlichen 55 Kilometern pro Stunde 25 Kilometer weit rollen, wären alle Reifen zerstört. Die Reifen hätten sich über Gebühr erwärmt. In der Praxis ist die Rollgeschwindigkeit deut-

Der Reifenverschleiß ist bei der Landung geringer als beim Start

lich geringer. Auch die Rollstrecke zwischen der Landung und dem nächsten Start beträgt durchschnittlich nur acht Kilometer.
Eher im kalten Winter als in einem heißen Sommer kann ein solcher Reifen gut 120 Starts und Landungen bis zum Wechsel überdauern. Dann hat er 1000 Kilometer zurückgelegt. Die Belastungen sind sehr unterschiedlich. Wer glaubt, der Augenblick der Landung mit der typischen graublauen Gummiwolke wäre der größte Verschleiß für die Reifen, irrt sich. Beim Aufsetzen wird ein 190 Kilogramm schweres Jumbo-Hauptfahrwerksrad zusammen mit dem drehenden Teil der Bremse zwar in kürzester Zeit von null auf etwa 1100 Umdrehungen pro Minute beschleunigt, läßt dafür auch nicht unwesentlich Gummi auf der Bahn zurück, insgesamt ist dieser Verschleiß aber deutlich geringer als der durch die übrigen Belastungen.
Auf diesem Flug werden wir 105 Tonnen Kraftstoff ver-

brauchen. Das Flugzeug wird bei der Landung in Frankfurt um dieses Gewicht leichter sein. Für unser jetziges Gewicht von genau 362,7 Tonnen benötigen wir heute zum Abheben eine Geschwindigkeit von 328 Kilometern pro Stunde. Die Aufsetzgeschwindigkeit bei dem zu erwartenden Landegewicht von nur noch 258 Tonnen wird aber nur 265 Kilometer pro Stunde betragen. Die hohe Reifenbelastung beim Start wird nicht nur durch das höhere Gewicht, sondern auch durch das längere Rollen und besonders durch die höhere Geschwindigkeit verursacht. Die Wirkung der Geschwindigkeit geht, was in diesem Zusammenhang wenig erfreulich ist, nicht linear, sondern quadratisch ein, was der Reifen mit schnellem Verschleiß quittiert.

Tausend Millionen erscheinen mehr als eine Milliarde

Das Gefühl für Sicherheit scheint mit Statistiken kaum etwas zu tun zu haben. Die darin angegebenen großen Zahlen sind nur schwer vorstellbar, wenn anschauliche Vergleiche fehlen. Auf 120 Millionen Kilometer Aufzugfahren soll es ein Unfallopfer geben. Die Wahrscheinlichkeit, vom Blitz getroffen zu werden, ist höher als die eines Sechsers im Lotto. Das Risiko, während einer Flugreise durch einen Unfall getötet zu werden, ist ebenso groß wie das Risiko, in einem Hurrikan ums Leben zu kommen. Das Risiko jedoch, an den Folgen eines Sturzes in der Badewanne oder von der Treppe zu sterben, soll viel höher sein, nämlich 1:6260, so das Statistische Bundesamt. Ganz trügerisch klein erscheinen uns solche Zahlen: Das ganze Universum soll 10^{76} Elektronen haben, und der Kosmos ganze 10^{28} Zentimeter groß sein. Auf jeden Fall werden wir ein geradezu unendlich kleines Stück davon in den nächsten achteinhalb Stunden durchfliegen.

Dort, wo im Auto die Geschwindigkeit in Kilometern pro Stunde angegeben wird, sind die Fahrtmesser im Flugzeug in Knoten geeicht. Ein Knoten (kts) ist eine Seemeile (*nautical mile*) pro Stunde. Die Seemeile, auch nautische Meile, ist mit 1,852 Kilometern länger als die Landmeile (1,61 km – *statute mile*). Ihr krummer Wert entspricht der Bogengradminutenlänge des Erdumfangs. Im Klartext: Der 360ste Teil des Erdumfangs von 40 000 km ist ein Grad, davon wiederum der sechzigste Teil ist die Bogenminute, gleich einer Seemeile. Die Bogenminute, wie sollte es anders sein, besteht wiederum aus 60 Bogensekunden.

Ist beim erdgebundenen Kraftfahrzeug, abgesehen vom Kavaliersstart, nur die Radumdrehung das Maß für die Geschwindigkeit, so benötigt man im Flugzeug verschiedene Meßtechniken. Am wichtigsten ist die Geschwindigkeit gegenüber der Luft. Was im Cockpit angezeigt wird, ist aber nicht die wahre Luftgeschwindigkeit, sondern so eine Art Variable. Für einen bestimmten Auftrieb beim Start benötigt das Flugzeug eine ganz bestimmte Luftgeschwindigkeit. Mit zunehmender Flughöhe muß diese wegen der immer dünner werdenden Luft zur Erhaltung des Auftriebs stetig erhöht werden. Für jede Flughöhe wären danach andere Werte gültig, hätte dieser Fahrtmesser nicht eine eingebaute Intelligenz. Sie ist ausnahmsweise nicht die Folge eines hohen technischen Aufwands, sondern prinzipiell die einfachste Meßmethode. Mit ihr ist unabhängig von der Flughöhe ein und dieselbe angezeigte (!) Geschwindigkeit mit immer demselben Auftrieb verbunden.

Um aber mit steigender Flughöhe die gleiche »angezeigte Luftgeschwindigkeit« (*indicated airspeed* – IAS) zu erhalten, muß das Flugzeug immer schneller fliegen. Eine Anzeige von 300 Knoten (Seemeilen pro Stunde) in Meereshöhe bei normalem Luftdruck entspricht tatsächlich 300 Knoten. In 10 000 Metern Höhe sind dagegen

300 Knoten in Wirklichkeit 486, also über 62 Prozent mehr. Auch auf der 313 Meter hoch liegenden Startbahn von Atlanta beträgt der Unterschied beim Abheben bereits fünf Kilometer pro Stunde gegenüber dem gleichen Start in Meereshöhe. Die wirkliche Geschwindigkeit ist demnach fünf Kilometer pro Stunde höher als die angezeigte.

Wollte man auftriebserhaltend bei gleicher angezeigter Luftgeschwindigkeit höher und höher fliegen, würde die auf einem anderen Instrument angezeigte »wahre Luftgeschwindigkeit« (*true airspeed* – TAS) weiter und weiter ansteigen. Die Grenze wäre erst erreicht, wenn sich die Geschwindigkeit der Schallgeschwindigkeit näherte. Abgesehen von dem komplizierten Überschallflugzeug Concorde, sind die Tragflächen von Verkehrsflugzeugen nur für Unterschallgeschwindigkeit konstruiert. Unsere Boeing 747 erreicht bei 92 Prozent der Schallgeschwindigkeit ihre Höchstgeschwindigkeit. Dieser Wert würde auf dem »Machmeter« mit 0,92 angezeigt. Seine Einheit ist das Mach, und die Schallgeschwindigkeit ist Mach 1.

Nehmen wir an, es herrschte Windstille, dann entsprächen die vom Flugzeug geflogene Himmelsrichtung und seine wahre Luftgeschwindigkeit auch der am Boden. Das wäre dank der drei beschriebenen Geschwindigkeitsanzeigen und des fast immer verfügbaren Kompasses navigatorisch der einfache, aber seltene Fall: Das Flugzeug würde nicht abdriften – nicht abtreiben. Wären Flugrichtung und Fluggeschwindigkeit wie am Boden, die zurückgelegte Strecke und ihre Himmelsrichtung ließen sich leicht messen. Die Wirklichkeit aber hat eine solche Messung bisher noch nicht erlaubt.

Zum Glück blies der Wind – lange vor Erfindung der Fliegerei – schon den alten Seefahrern in die Tücher und ließ sie dadurch zusätzlich zur Meeresströmung weiter abdriften. Mit den Mitteln der Seefahrt bestimmte früher der gut rechnende Flugnavigator mit Blick auf Sonne, Mond und Sterne die momentane Position. Dazu steckte er den schon lange bekannten Sextanten durch ein Loch im Dach des Cockpits, und mit Hilfe zweier nacheinander durchgeführter Standortbestimmungen ermittelte er Windstärke und -richtung. Erst Anfang der 70er Jahre übernahm ein eingebautes Navigationsgerät diese Aufgabe.

Dieses Trägheitsnavigationsgerät ist heute bei Langstreckenflugzeugen obligatorisch. Es heißt INS (*inertial navigation system*), das, wie schon erwähnt, in einer etwas anderen Ausführung auch IRS (*inertial reference system*) genannt wird. Es errechnet jeden Weg über Grund mit großer Präzision – schon beim Wegrollen des Flugzeugs vom Flugsteig. Von Wind und Wetter unbeeindruckt, arbeitet es nach dem Trägheitsprinzip. Startet ein Auto mit einem Bierkasten im Kofferraum, rutscht dieser nach hinten. Phantasieren wir weiter: Je schneller der Bierkasten nach hinten rutscht, desto höher ist die Beschleunigung. Je weiter er nach hinten rutscht, desto länger hält die Beschleunigung an. Dies alles sind Werte, aus denen man die Geschwindigkeit des Autos errechnen kann. Solange der Bierkasten nicht erneut rutscht, bleibt die Geschwindigkeit gleich. Rutscht er nach vorn, verringert sich die Geschwindigkeit. Wollten wir den Bierkasten im Kofferraum für die Flugzeugnavigation brauchbar machen, müßte das seitliche Wegrutschen des Bierkastens ebenfalls gemessen werden. Doch zurück zum Flugzeug.

Ein Tacho für 200 000 Mark

Den Bierkasten ersetzen kleine, jeweils zwischen zwei Federn gehaltene Gewichte. Erfahren sie in Federrichtung eine Beschleunigung, verändern sie ihre Lage, die mittels einer raffinierten Methode äußerst feinfühlig gemessen wird. Da die Welt dreidimensional ist, können Beschleunigungen in drei verschiedenen Ebenen auftreten, man kommt also mit drei solch sensiblen Gewichten aus. Im Flugzeug sind sie in die jeweilige Richtung der drei Flugzeugachsen ausgerichtet: der Längs-, Quer- und Hochachse.

Da sich im Betrieb die Lage des Flugzeugs aber um alle drei Achsen ändert, ist nur mit Hilfe der Beschleunigungsmesser keine eindeutige Messung möglich. Hier helfen Kreisel mit ihrer typischen Richtungsstabilität (Kreiselgesetze). Diese Stabilität beruht darauf, daß sich ein schnell drehendes Rad raumstabil verhält. Es ist bestrebt, die Richtung seiner Achse beizubehalten. Hängt man so ein drehendes Rad frei beweglich auf, man nennt das vollkardanisch, schaut seine Achse fortan immer in dieselbe Richtung. Eingebaut im Flugzeug, läßt sich mit diesem Kreisel eine Lageänderung, zum Beispiel das Hochnehmen der Nase nach dem Abheben, registrieren. Um sämtliche Drehungen des Flugzeugs zu erfassen, sind in einem INS drei Kreisel eingebaut. Mit ihnen kann der Computer des Trägheitsnavigationsgerätes in aufwendiger Rechenarbeit die Meßergebnisse der drei Beschleunigungsmesser für eine Standortbestimmung verarbeiten.

Damit das INS ständig seinen Standort in Längen- und Breitengraden anzeigen kann, muß es zu Anfang »wissen«, wo es steht. Dazu fütterte ich im Rahmen meiner Vorflugkontrolle alle drei Geräte mit dem Standort des Flugzeugs bis auf die Zehntelbogenminute genau, das entspricht einer Präzision von unter 200 Metern. Die Himmelsrichtung zum geographischen Nordpol findet das Gerät nach dem Einschalten im Laufe von 15 Minuten selbst. Das ist eine phantastische Sache: In dieser Zeit hat sich die Erde weit genug gedreht, um dem Gerät die Richtung der Erdachse zu vermitteln. Allerdings darf

während dieser Zeit der Standort des Flugzeugs noch nicht verändert werden.
Ja, sagt vielleicht der zu Wasser und zu Luft voll ausgestattete Freizeitkapitän, das hab ich auch, und dazu noch genauer! Und statt für 200 000 für nur 500 Mark! Doch dieses preiswerte und handgroße Navigationsgerät benötigt Satelliten. Es ist zwar nicht anzunehmen, daß die 20 000 Kilometer hoch fliegenden Trabanten allesamt vom Himmel fallen, aber am Ein-/Aus-Schalter für ihre Sender liegt nur eine Hand. Unser INS dagegen ist eigenständig. Es benötigt zur Standortbestimmung nur Strom und sich selbst.
Prinzipiell sind das schon viele Jahre bekannte INS und das in neueren Flugzeuggenerationen eingebaute IRS gleich. Doch das IRS braucht keine mechanischen Kreisel mehr. Sie wurden durch sogenannte Laserkreisel ersetzt, die ohne bewegliche Teile auskommen. Das Meßprinzip beruht hierbei auf der Laufzeit des Lichts.
Nimmt man ein Stück Glasfaser, biegt es kreisförmig und schickt an einem Ende Licht hinein, dann scheint das Licht am anderen Ende wieder heraus. Das Licht ist dabei durch die Faser gelaufen. Dafür hat es, wenn auch wegen seiner hohen Geschwindigkeit von 300 000 Kilometern pro Sekunde kaum augenfällig, eine bestimmte Zeit benötigt. Diese Zeit verlängert sich mit der Länge des Weges durch die Faser. Wenn nun während der Umlaufzeit des Lichtes der Faserring durch Drehen des Flugzeugs mitverdreht wird, muß je nach Drehrichtung das Licht weiter oder weniger weit laufen, bevor es das Faserende erreicht. Die so entstehenden unterschiedlichen Laufzeiten sind ein Maß für die Verdrehung. Die tatsächliche Ausführung eines solchen Laserkreisels ist technisch sehr kompliziert.
Außer für die im Reiseflug noch näher zu beschreibende Navigation kommt nun von diesem INS (oder IRS!) die vierte und letzte zu nennende Geschwindigkeitsanzeige

im Cockpit, die Geschwindigkeit über Grund, die Bodengeschwindigkeit (*ground speed* – GS). Selbstverständlich wurde durch sie bereits die verhältnismäßig niedrige Rollgeschwindigkeit auf dem Weg zur Startbahn angezeigt. Ein Tacho für 200 000 Mark! In der Luft ist er sozusagen der Produktionsmesser, denn ohne eine Geschwindigkeit über Grund kämen wir nie zu unserem Ziel. Wäre der Gegenwind so groß wie unsere Fluggeschwindigkeit, wir blieben, von der Erde aus gesehen, auf der Stelle stehen. Die »ground speed« wäre null. Wir würden stehen und trotzdem fliegen.

Vor dem Start noch ein Experiment für Sie zu Hause: Nehmen Sie das Flicken eines Fahrradreifens zum Anlaß, um zu erfahren, daß auch Ihr Rad die Kreiselgesetze beherrscht. Dazu halten Sie das ausgebaute Vorder- oder Hinterrad, schwungvoll in Drehung versetzt, mit ausgestreckten Armen an seinen Achsstummeln fest. Sie werden verblüfft sein, wenn Sie jetzt versuchen, die Achsrichtung zu verändern. Es widersetzt sich dem Versuch und weicht unweigerlich durch Kippen aus.

22:16 UTC: »Lufthansa four-four-five, runway two-seven-right, wind two-two-five, eight knots, cleared for take-off«, sagt der Tower. »Kranich 445, Startbahn 27 rechts, der Wind kommt aus Süd-West mit acht Knoten Stärke, Sie haben die Erlaubnis zum Starten.« Der Copilot bestätigt dem Tower diese Anweisung. Der Kapitän schiebt die vier in der Mitte des Cockpits befindlichen Gashebel (*throttles*) etwas nach vorn. Während er dabei das gleichmäßige Hochlaufen der Motoren überwacht, schaue ich rechts auf die am Flugingenieur-Schaltpult befindlichen sekundären Triebwerksinstrumente. Unmittelbar danach und wieder mit Blick nach vorn schiebe ich die Gashebel zügig vor und justiere sie exakt auf die berechneten und vorn zwischen den Flugzeugführern angezeigten Drehzahlwerte. Die rechte Hand des Kapitäns ruht weiterhin auf den mit Doppelgriffen versehenen Gashebeln. Nur so kann er ohne Zeitverzögerung einen etwaigen Startabbruch einleiten.

Um der doppelseitigen Reklame eines renommierten Stuttgarter Sportwagenherstellers nicht die Exklusivität zu nehmen, bleiben wir unter allgemeinen Betriebsbedingungen mit unserer anfänglichen Beschleunigung ehrfurchtsvoll unter dem dort angegebenen Wert: »0 bis 100 km/h in 5,1 s«. Zu einer hohen Beschleunigung führt hauptsächlich ein geringes Gewicht, das sich bei einem großen Langstreckenflugzeug deutlich vom maximal zulässigen Gewicht unterscheiden kann. Unsere leer etwa 170 Tonnen schwere B747 könnte für einen kurzen (vielleicht innerdeutschen) Flug ohne Zuladung und mit nur 15 Tonnen Kraftstoff abfliegen. Mit ihren 185 Tonnen hätte sie dann nicht einmal die Hälfte ihres maximal zulässigen Gesamtgewichts von 378 Tonnen. Die Beschleunigungszeit von 0 bis 100 Kilometer pro Stunde könnte dann unter sechs Sekunden und von 0 bis 200 Kilometer pro Stunde lediglich 24 Sekunden betragen. Im Alltag werden diese Werte allerdings nicht erreicht, weil zum Schonen der Triebwerke bei solch geringem Gewicht mit reduziertem Schub gestartet wird.

Die an unserem Flugzeug möglichen, fest zupackenden vier mal 235 Kilonewton Schub dürfen Sie sich, zumindest für den Beginn des Losrollens, so vorstellen: Das Flugzeug steht auf einer Seite eines langen Tisches. An der Flugzeugnase ist ein Seil befestigt, das bis über die entgegengesetzte Tischkante reicht und dort heruntethängt. An diesem Ende ist ein Gewicht mit der Masse von vier mal 24 Tonnen befestigt. Löst das Flugzeug die Bremsen, saust das Gewicht nach unten und zieht das Flugzeug mit 96 Tonnen (4 mal 235 Kilonewton) Schub über den Tisch. Schub ist keine Leistung, sondern eine Kraft. Sie ist für die Praxis die einzig wichtige Größe. Lei-

Schub ist keine Leistung, sondern eine Kraft

der wird sie außer vom Tag-Nacht-Rhythmus von fast allen meteorologischen Größen beeinflußt.
Die verständliche, vom Auto hergeleitete Frage nach der Leistung der Triebwerke ist zu schwierig, als daß ich sie hier beantworten könnte. Braucht das vielgefahrene Wolfsburger Auto nur etwa 15 Kilowatt (20 PS) bei konstant 100 Kilometern pro Stunde, so benötigt ein Jumbo im Reiseflug mehr als das 1000fache. Ob es sich nach fachmännischer Unterscheidung um thermische Leistung, Vortriebsleistung oder Wellenleistung handelt, alle Rechengrößen sind grundverschieden. Je nach physikalischer Annahme ist bei Beginn des Startverlaufs die rechnerische Leistung entweder null oder um die 44 000 Kilowatt (60 000 PS) pro Motor.
Zur Startzeit arbeiten die Triebwerke an ihrer erlaubten Obergrenze. Mit weiter vorgeschobenen Gashebeln würden sie mehr Schub bringen, das wäre aber nicht von

Nutzen. Abgesehen von mechanischen und thermischen Grenzen, wie Drehzahl und Brennkammertemperatur, sind die vom Hersteller festgelegten Grenzen wirtschaftlicher Natur. Werden sie eingehalten, bleiben Lebensdauer und Häufigkeit der erforderlichen Wartungsereignisse im Bereich der festgelegten Zeiträume.

Wechsel in die dritte Dimension

Leider verursachen solche hohen Startleistungen beträchtlichen Lärm. Unermüdlich versuchen die Triebwerkhersteller diesen unerwünschten Nebeneffekt zu reduzieren. Sie finden zwar immer wieder Verfeinerungen, bei denen mit der Lärmreduzierung sogar eine Wirkungsgradverbesserung verbunden ist, doch die Schwierigkeit ist von grundsätzlicher Natur: Anders als beim Auto bringt hier der »Auspuff« den Vortrieb. Immerhin sind alle Triebwerke eines Flugzeugs zusammen beim Überfliegen des Startbahnendes leiser als Tatsuro Murano, der 1993 mit einem 113,8-Dezibel-Schrei den jährlichen Schreiwettbewerb eines japanischen Hustenbonbon-Fabrikanten gewann. Dezibel (db) ist das physikalische Maß für die Intensität von Geräuschen. Da die Empfindlichkeit unseres Ohres für Schall frequenzabhängig ist, wurde das dem menschlichen Ohr angepaßte ähnliche »db (A)« eingeführt.
Mit zunehmender Rollgeschwindigkeit und langsam steigendem Auftrieb verliert unser Bugfahrwerk die Fähigkeit zum Lenken. Wurden auf dem Weg zur Startbahn mit seiner Hilfe alle Kurven zur besten Zufriedenheit genommen, wird, lange bevor wir unsere Abhebegeschwindigkeit erreicht haben, das Lenken mehr und mehr von der eigentlichen Flugzeugsteuerung übernommen.
Zuerst wird das Seitenruder (hinten an der senkrechten

Flosse) den Geradeauslauf unterstützen. Bewegt wird es vom Flugzeugführer über zwei Pedale. Bevor wir eine Geschwindigkeit erreichen, bei der deutlich der Ruf »Go« ertönt und der Kapitän die Hand von den Gashebeln nimmt, müssen wir einen anderen wichtigen vorher berechneten Geschwindigkeitswert überschritten haben. Es ist das Tempo, oberhalb dessen ein asymmetrischer Schub mit Hilfe des Seitenruders ausgeglichen werden kann.
Ein asymmetrischer Schub entsteht bei einem Motorausfall. An der einen Tragfläche würde nur noch ein Motor schieben, auf der anderen Seite aber noch immer der Schub von zwei Motoren wirken. Das Flugzeug begänne sich zu drehen, wenn nicht das vom Flugzeugführer entsprechend ausgelenkte Seitenruder für Ausgleich sorgte. Je größer der aktuelle Startschub ist, desto größer muß verständlicherweise die dafür nötige Mindest-Boden-Steuer-Geschwindigkeit (*velocity minimum control ground* – VMCG) sein. Heute beträgt sie 127 Knoten IAS-Geschwindigkeit (wahre 239 km/h).
Der »Go«-Ruf steht jetzt unmittelbar bevor. Knappe 310 Kilometer pro Stunde: Wechsel von der Starterlaubnis zur Startpflicht. Im Falle eines Startabbruchs bedeutet das die höchstmögliche Belastung für die Bremsen. Der größte Teil der Bewegungsenergie (kinetische Energie) müßte in Form von Wärme in die Bremsen gehen. So eine Tortur würden sie zwar durchstehen, aber nur einmal. Danach wäre aus Sicherheitsgründen ein 16facher Bremsenwechsel nötig.

**Was für den Hammer gut ist,
ist für die Bremsen anstrengend**

Gäbe es keine Bewegungsenergie, wäre der Hammer nicht erfunden worden, und man müßte ein zentnerschweres Gewicht auf den Nagel legen. Sie wächst mit zunehmender Geschwindigkeit quadratisch. Ein Beispiel: Auf der Strecke, die Bremsen benötigen, um ein mit 120 Kilometer pro Stunde fahrendes Auto zum Stehen zu bringen, bremst dasselbe Auto mit einer Anfangsgeschwindigkeit von 170 lediglich auf 120 Kilometer pro Stunde ab.

Weil die Geschwindigkeit als maßgeblich in die Rechnung eingeht, müßten die Bremsen unseres 362,7 Tonnen schweren und 310 km/h schnellen Flugzeugs 370 Kilowattstunden Energie aufnehmen. Wieder keine greifbare Größe, aber diese kinetische Energie würde ausreichen, den Standardwolfsburger über einen Tag (25 Stunden) mit 100 Kilometern pro Stunde fahren zu lassen. Da wir gegen den Wind starten, können wir in unsere Energiebilanz eine erfreuliche Korrektur aufnehmen. Der schräg von vorn kommende Wind beschert uns einen Gegenwindanteil von elf Knoten. Damit ist die Rollgeschwindigkeit um sieben Prozent geringer. Die Bremsen würden bei einem Startabbruch aber bremswegverkürzende 13 Prozent weniger Energie aufnehmen.

Das Flugzeug ist schneller geworden, und wir erreichen mit 174 Knoten IAS-Geschwindigkeit (wahre 328 km/h Luftgeschwindigkeit) den letzten wichtigen erdgebundenen Geschwindigkeitswert. Jetzt ruft der nicht steuernde Flugzeugführer »Rotate«. Der andere Flugzeugführer zieht augenblicklich, aber sanft an der Steuersäule. Das Höhenruder lenkt nach oben aus und bewirkt einen Abtrieb. Dadurch wird das Heck des Flugzeugs zur Überraschung der dort sitzenden Passagiere heruntergedrückt. Während vorn das Bugfahrwerk abhebt, ist es der so entstehende größere Anstellwinkel der Tragflächen, der das Flugzeug steigen läßt.

Abheben muß gelernt sein. Es ist kein einfaches Betätigen des Höhenruders, sondern ein ausgewogenes Modulieren von Rotation und Auftrieb. Mit dem Rotieren beginnt der Einfluß des Querruders (desjenigen an den Tragflächen), mit dem das Flugzeug zunächst waagerecht (»*wings level*«) gehalten wird. Was auf der Startbahn eben noch verhindert wurde, beginnt jetzt mit dem Abheben: Das Flugzeug driftet. Es fliegt nicht in Verlängerung der Startbahn, sondern wird seitlich abgetrieben. So komisch das von hinten auch aussehen mag, das Flugzeug wird dabei nicht durch den Wind von der Seite angeströmt, weil es sich ja mit ihm abtreiben läßt.

Wir fliegen! Wir sehen nicht, daß wir das Bahnende nach etwa 65 Sekunden überflogen haben. Durch das Umlegen eines kleinen Hebels haben sich scheunentorgroße Klappen geöffnet. Die Fahrwerke werden eingefahren, die Klappen wieder geschlossen und alle Verriegelungen überprüft. In 1000 feet (300 m) Höhe über dem Startflughafen reduziere ich die hohe Startleistung der Triebwerke auf die schonendere Steigleistung. Nach den Anweisungen des uns jetzt auf dem Radarschirm beobachtenden Lotsen drehen wir eine 180-Grad-Kurve und können links unten unsere eigene Startbahn sehen, denn unsere Bahn führte uns in westliche Richtung, Frankfurt liegt aber ostwärts.

Nach einer festen Regel fahren wir erst die Flaps allein (Tragflächenhinterkante), dann kombiniert mit den Slats (Vorderkante), mit zunehmender Geschwindigkeit ein. Wir erreichen 260 Knoten (IAS) und sollen auf 14 000 feet steigen: »Climb one-four-thousand feet!« Kurz darauf links herum auf den Kompaßkurs von 60 Grad: »Turn left heading zero-six-zero!« Der auf dem Flugplatz Atlanta stehende Navigationssender zeigt seine Entfernung: 11,4 nautische Meilen.

Wieder »ATC«: »Climb and maintain one five thousand!« Kurz drauf: »Heading zero-five-five!« Wir dürfen auf 15 000 feet steigen und sollen auf Kurs 55 Grad gehen.

Eine Anweisung folgt der anderen. Sie wird immer in Verbindung mit Fluggesellschaft und Flugnummer genannt. Genauso muß ihr Empfang von uns sofort bestätigt werden. Zweifelsfrei richtig verstanden haben wir erst, wenn wir alle drei dasselbe hören. Andernfalls wird nachgefragt. »Lufthansa 445, change to Atlanta center on one-two-four point four-five!« Wir bestätigen und melden uns weisungsgemäß auf der neuen Funkfrequenz von 124,45 Megahertz (Mhz) bei einem Fluglotsen, der einen anderen Sektor bearbeitet. Von ihm erhalten wir die Erlaubnis zum weiteren Steigen. Sie wurde uns, wegen des hohen Verkehrsaufkommens um den Flughafen Atlanta herum, nur stufenweise gegeben. Nach der letzten Anweisung sollen wir auf Flugfläche 230 steigen.

Bei Hochdruckwetter fliegen sie höher

»Weiter oben« ist die Welt in Flugflächen (*flight level* – FL) aufgeteilt. Unterhalb der Flugfläche 290 (8839 m) beträgt die Höhenstaffelung 1000 feet (300 m) und über dieser normalerweise 2000, ausnahmsweise aber auch 1000 feet. Diese Höhen werden mit Hilfe eines Höhenmessers geflogen, der nichts anderes ist als ein geeichtes Barometer – allerdings von allerfeinster Qualität. Da er die wirkliche Höhe gar nicht mißt (wie sollte er auch), sondern sich mit dem Luftdruck zufrieden gibt, führen unterschiedliche Drücke trotz gleich bezeichneter Flugflächen zu unterschiedlichen Höhen. Bei Hochdruckwetter liegen die Flugflächen höher, bei einem Tief entsprechend tiefer. Da alle Flugzeuge der Welt ihre Höhenmesser auf einen mittleren Standardluftdruck geeicht haben, fliegen sie alle um das gleiche Maß höher oder tiefer.
Wegen der wetterabhängigen Höhenanzeigen (Insider-

Jumbo (Boeing 747)

spruch: Tief geht schief!) ist diese Flugflächenlösung für niedrige Höhen ungeeignet. Hier muß der Höhenmesser nach dem aktuellen Luftdruck korrigiert werden, vor jedem Landeanflug eine wichtige Einstellung. Andernfalls würde die Höhe des Flugplatzes falsch angezeigt.
22:25 UTC: Gestartet sind wir um 22:16 Uhr UTC (18:16 Uhr Atlantazeit). Seit unserem Start sind neun Minuten vergangen. Eine Momentaufnahme: Außentemperatur minus 24 Grad Celsius. Wir überschreiten gerade 20 800 feet Höhe und steigen weiter mit 1700 feet pro Minute. Das sind acht Meter pro Sekunde oder 29 Kilometer pro Stunde und entspricht einem selten schnellen Personenaufzug (Im Pütt fahren sie schneller!). Noch halten wir gleichmäßig 350 Knoten IAS, die im Augenblick 468 Knoten TAS (867 km/h »wahrer Luftgeschwindigkeit«) entspricht. Die Machanzeige meint mit 0,764, daß wir 76,4 Prozent der Schallgeschwindigkeit fliegen.

Neben der TAS wird der das Flugzeug steuernde Copilot die Machzahl weiter ansteigen lassen, bis unsere geplante Reisefluggeschwindigkeit von 84 Prozent der Schallgeschwindigkeit erreicht ist. Danach gibt er der automatischen Schubregelung den Befehl, diesen Wert zu halten.

Die normale Geschwindigkeit von Verkehrsflugzeugen im Reiseflug ist wirtschaftlich. Sie wird von den festen und variablen Betriebskosten beeinflußt, ist bei jedem Flugzeugtyp anders und immer ein fester Prozentwert der Schallgeschwindigkeit. Bei unserer B747-200 beträgt sie Mach 0,84. Die entsprechende wahre Geschwindigkeit ist temperaturabhängig und beträgt in den oberen Flughöhen ungefähr 890 Kilometer pro Stunde.

22:41 UTC: 25 Minuten nach dem Start erreichen wir Flugfläche 290 (8800 m), unsere erste Reiseflughöhe. Sie zu erklimmen hat kräftig, aber planmäßig an unseren Vorräten gezehrt. Einschließlich 720 Kilogramm für den Weg zum Start, haben wir 10 800 Kilogramm verbraucht. Bei einer angenommenen Dichte von 0,8 Kilogramm pro Liter sind das 13 500 Liter. Wie bereits erwähnt, gibt nur die Masse des Kraftstoffs, gemessen in Kilogramm, ein verläßliches Maß für die getankte Energie. Und das auch nur, wenn es sich nicht um irgendeinen undefinierbaren Kraftstoff handelt. Der getankte Stoff entspricht einer genauen Spezifikation, die allerdings weltweit nicht einheitlich ist. Dieser Kraftstoff hat, wie jede Flüssigkeit, so eine Art Gefrierpunkt. Der in Atlanta getankte wird bis minus 40 Grad Celsius als flüssig garantiert. Da nichtflüssiger Kraftstoff für uns das gleiche wie gar kein Kraftstoff ist, befindet sich im kältesten Tank des Flugzeugs ein Thermometer, dessen Anzeige ich große Beachtung schenke. Mit drei Grad darüber, das sind heute minus 37 Grad Celsius, wäre die Grenze des Erlaubten erreicht.

In den sehr seltenen Fällen, in denen diese Grenze

erreicht wird, schafft tieferes oder schnelleres (!) Fliegen Abhilfe. Übrigens eine Tatsache, die dem Griechen Dädalos nicht bekannt war, als er seinem Sohn Ikarus das wachsige Flügelpaar mit dem Hinweis an die Schultern knöpfte, daß zu *hohes* Fliegen auch zu hohe Temperaturen mit sich bringen würde. Warum dem Sohn dann doch bei seinem übermütigen Flug in größere Höhen durch Sonnenwärme die Flügelfedern ausschmolzen, ist weniger Physik als Mythos.

Daß bei zu kalt gewordenem Kraftstoff schon eine tiefere Flugfläche hilfreiche wärmere Luft bescheren kann, belegt folgende Erläuterung. Es gilt als ausgemacht, daß die sogenannte Standardatmosphäre in Meereshöhe eine Temperatur von 15 Grad Celsius hat und diese mit zwei Grad Celsius pro 1000 feet bis zu einer Höhe von 36 000 feet, die man Tropopause nennt, abnimmt. Die Tropopause ist sozusagen der Deckel auf der darunterliegenden und sich Troposphäre nennenden Luftschicht. In Wirklichkeit variiert die Höhe dieses Deckels erheblich. An Nord- und Südpol finden wir ihn bei ungefähr 26 000 feet (8 km), am Äquator kann er bis in eine Höhe von 59 000 feet (18 km) reichen. Da die »zwei Grad Celsius pro 1000 feet«-Regel auch am Äquator gilt, herrschen dort also, entgegen der allgemeinen Vorstellung, in größeren Höhen manchmal niedrigere Temperaturen als an den Polen.

Vielleicht haben Sie mit den zwei Grad Celsius pro 1000 feet schon ausgerechnet, daß es in der Standardhöhe der Tropopause von 36 000 feet (11 000 Meter) minus 57 Grad Celsius kalt ist. Für den Kraftstoff zu kalt, wäre da nicht wieder einmal eine Hilfe der Natur. Treffen die Luftpartikel bei der hohen Fluggeschwindigkeit so richtig mittig auf Flugzeugnase oder Tragflächenvorderkante, werden sie blitzschnell von null auf Flugzeuggeschwindigkeit beschleunigt. Erst kurz danach fließen sie oben oder unten, an der Nase auch links oder rechts, vor-

bei. Bevor sie abfließen, kommen aber schon die nächsten Luftpartikel und drücken sie zusammen. Die Folge ist ein höherer Luftdruck an dieser Stelle. Wird aber Luft zusammengedrückt, so reagiert sie mit Temperaturanstieg.
Nur zu einem ganz geringen Teil ist diese Lufterwärmung Folge der Reibung. Sie ist vielmehr, mit den Worten des Thermodynamikers, die Folge einer quasi adiabatischen (wärmedichten) Kompression. Egal, was sie ist, sie macht jedenfalls im Reiseflug bei normaler Geschwindigkeit etwa 30 Grad Celsius Unterschied aus. Die entstehende und im Cockpit angezeigte »totale« Temperatur (*total air temperature* – TAT) beträgt demnach im höheren Reiseflug bei normaler Geschwindigkeit durchschnittlich minus 27 Grad Celsius. Diesem Umstand verdanken wir, daß die Kraftstofftemperatur nur sehr selten in die Nähe unerlaubter Werte absinkt.

Kerosin ist Petroleum

Bleibt die Frage: Welcher Stoff ist Kraftstoff? Es ist kein Flugbenzin, wie man es für die mit Kolbenmotoren angetriebenen Flugzeuge verwendet. Es ist gar kein Benzin, sondern ein andersartiger Flugturbinentreibstoff. Der Kraftstoff für Düsentriebwerke heißt Kerosin. Kerosin ist das englische Wort für Petroleum. Es ist kein Petroleum wie das für die Gartenlampe. Die Zutaten sind so sorgfältig gemischt, daß etwa die erwähnte Gefriertemperatur genau zu bestimmen ist.
Darüber hinaus ist die aus einem Gemisch von Kohlenwasserstoffen bestehende Flüssigkeit auch relativ rein. Die der Umwelt nicht unbedingt zuträglichen Aromate sind ihr weitgehend entzogen und nützlicherweise zur Weiterverarbeitung an die chemische Industrie verkauft worden. Das bekannte Aromat Benzol wird beim Auto-

benzin als preiswertes Mittel für die sogenannte Klopffestigkeit genutzt, die bei Flugzeugtriebwerken nicht vonnöten ist.

Aus Umweltschutzgründen, aber auch aus Eigennutz ist Kraftstoff stark entschwefelt. Der gegenüber Autobenzin zehn- bis hundertmal geringere Schwefelgehalt läßt Triebwerke länger leben. Schwefel würde beim Durchströmen der sehr warmen Triebwerksturbine Ablagerungen verursachen, zu deren unerfreulichen Auswirkungen ich später noch etwas sagen werde.

Petroleum, Autobenzin, Dieselöl, Schmieröl und sogar Bitumen auf der Straße sind Bestandteile von Erdöl. Stellt man (theoretisch, in der Praxis funktioniert das nicht ganz so zufriedenstellend) einen Topf mit Erdöl auf den Herd, so fängt er schon bei niedrigen Temperaturen an zu dampfen. Anders als beim Wasserkochen, bei dem die einmal erreichte Temperatur von 100 Grad Celsius konstant bleibt, weil es sich nur um einen Stoff, nämlich Wasser handelt, verdampfen beim Erdöl verschiedene Bestandteile. Ist der mit niedrigem Siedepunkt herausgedampft, erhöht sich die Temperatur, und der nächste Stoff dampft ab. Fängt man den Dampf auf, hat man nach seiner Kondensation in der Reihenfolge steigender Temperatur: Leichtbenzin (Fleckenentferner und in Schuhcreme), Autobenzin, Dieselöl (entspricht dem Heizöl), Petroleum, Schweröl, Schmieröl und danach Bitumen für den Straßenbelag.

In einer Erdölraffinerie nennt man dieses Kochen fraktionierte Destillation. Fahren Sie das nächstemal an einer solchen Raffinerie vorbei, werden Sie die vielen schlanken Türme (Glockentürme genannt) mit den im Abstand von einigen Metern herausgeführten Rohren anders sehen. Diese ersetzen nämlich den Kochtopf. Jede Etage steht für ein anderes Kondensat.

Mittlerweile haben wir Georgia verlassen und überfliegen in nur elf Minuten South Carolina, den kleinen US-

Staat mit ganzjährigem Golfwetter, in dem bayerische Autos gebaut werden. Bis zum Erreichen der kanadischen Halbinsel Neuschottland werden wir noch sieben weitere Bundesstaaten überfliegen: geographisch interessant, für unseren Flugauftrag aber ohne Bedeutung. Wir verwenden zwar auch »Land«-Karten zur Navigation, ihre geographischen Merkmale sind aber sehr schlicht. Das Land ist weiß, und das Meer ist hellblau. Hellblau heben sich auch große Flüsse und Seen ab, sonst nichts, keine Städte, wohl aber deren große Flughäfen mit einer vierstelligen Nummer. Die Karten wären ziemlich leer, wären da nicht die zahllosen Luftstraßen mit ihren zugehörigen Daten. Dazu Frequenzhinweise, Flugsicherungsgrenzen, Mindestflughöhen und Gebiete mit eingeschränkter oder keiner Überflugerlaubnis, um nur einige Merkmale zu nennen.
Damit die Karten trotz der Datenfülle lesbar bleiben, gibt es besondere für den oberen und den unteren Luftraum. Vier verschiedene Blätter benötigen wir bis zum Beginn des Atlantiküberflugs, nach dem Erreichen Irlands noch zwei weitere bis zum Sinkflug vor Frankfurt. Den Nordatlantik gibt es auf einer Karte.

Kein Gegenverkehr auf Luftstraßen

Geflogen wird immer in Straßenmitte, weshalb die Straßenbreite von häufig 18 Kilometern (10 Seemeilen) für den Normalfall keine Bedeutung hat. Es gibt keinen Gegenverkehr auf ein und derselben Höhe, wohl aber darunter oder darüber.
Luftstraßen führen so lange geradeaus, bis sie in eine Kreuzung münden. Zumindest an Land steht an dieser Kreuzung meistens ein Navigationssender. Wird seine Frequenz in dem dafür vorgesehen Navigationsempfänger eingestellt, läßt er sich vom Flugzeug aus anpeilen.

Ein Zeiger im Cockpit weist in die Richtung des Senders. Steuert der Flugzeugführer das Flugzeug in diese Richtung, fliegt es auf den Sender zu. Weil der Zeiger immer zum Sender weisen will, deutet sein schnelles Drehen um 180 Grad das Überfliegen des Senders an.

Dieser hilfreiche Zeiger befindet sich inmitten einer kreisförmigen Gradskala, einer Kompaßrose, mit deren Hilfe man unter einem bestimmten Winkel (Kompaßkurs) auf den Sender zufliegen kann. Ist der Sender erreicht, kann man wiederum unter einem bestimmten Kompaßkurs von ihm wegfliegen. Dieser Kurs wird in der Regel die Richtung der neuen Luftstraße sein. Kompaßkurs und Länge der Luftstraße sind auf der Karte angegeben. Außerdem ist jede Straße bezeichnet, und der Sender am Ende der Straße hat einen Namen. Vor wenigen Minuten überflogen wir einen Sender namens Spartanburg, änderten unseren Kurs um drei Grad und befinden uns jetzt auf einem 113 Meilen langen Teilstück der Luftstraße J14 in nordöstlicher Richtung zum nächsten Sender Greensboro.

Wem die erfundenen oder manchmal nach dem kleinsten Nest bezeichneten Sendernamen zu lang sind, der kann ihre ebenfalls angegebene Drei-Buchstaben-Abkürzung verwenden. Wir befinden uns also zwischen SPA (Spartanburg) und GSO (Greensboro). Beide Punkte sind Pflichtmeldepunkte. Beim Überfliegen meldet sich der »nichtfliegende« Flugzeugführer bei der Flugsicherung »Atlanta Control«.

Navigationssender weisen den Weg

SPA und GSO sind Funkfeuer der Sorte Präzisions-UKW-Drehfunkfeuer, kurz: VOR (*very high frequency omnidirectional radio range*). Wo die Frequenzen der Rundfunksender aufhören, fangen die der Funkfeuer an: 108

bis 118 Megahertz. Sie zählen zu den komfortablen Navigationseinrichtungen. Die weniger häufig vorkommenden und weniger komfortablen senden im Langwellenbereich und verhalten sich wie gewöhnliche Rundfunksender. Auch solche Rundfunksender im Lang- und Mittelwellenbereich lassen sich anpeilen und überfliegen, allerdings nur mit geringem Gebrauchswert.

Zur Abrundung des Komforts können die beiden Funkfeuer SPA und GSO als Zweiteinrichtung auch noch ihre Entfernung angeben. Nach einem sich ständig wiederholenden Frage-und-Antwort-Spiel zwischen dem Flugzeug und dem am Boden befindlichen Entfernungsmeßsystem (*distance measuring equipment* – DME) wird nach dem Prinzip der Laufzeitmessung auf einem kleinen Zählwerk im Cockpit die Entfernung in Meilen angegeben. Die Laufzeitmessung beruht auf der mit 300 000 Kilometern pro Sekunde endlichen Geschwindigkeit von Radiowellen. Das Flugzeug sendet einen Impuls zur Bodenstation. Diese quittiert den Empfang durch unverzügliches Zurücksenden einer Antwort. Frage und Antwort sind verschlüsselt, so daß viele Flugzeuge dieses DME ohne Verwechslung gleichzeitig abfragen können. Das zurückkommende Signal wird um so später ankommen, je weiter das Flugzeug entfernt ist. Die verstrichene Zeit ist ein Maß für seine Entfernung zum DME. Da die Entfernung zur Bodenstation gemessen wird, erscheint im Augenblick des Überfliegens der Station nicht null, sondern die Flughöhe über dem DME auf dem Instrument.

Erläuterungen zu diesen und vielen anderen technischen Abläufen und Systemen setzen das Abwägen zwischen einer genauen Darstellung der technisch-physikalischen Wirklichkeit und einer ausreichenden prinzipiellen Verständlichkeit voraus. Zum besseren Verständnis des Kurseindrehens zum Überfliegen eines Funkfeuers muß ich doch noch etwas nachlegen.

Für das fliegende Flugzeug kommt der Wind immer von vorn

Das Flugzeug auf den Kurs zu bringen, den das vor uns befindliche Funkfeuer auf der Kompaßrose anzeigt, wäre nur bei – sehr seltener – Windstille sinnvoll. Der Wind treibt das Flugzeug ab, so, wie es bereits gleich nach dem Abheben abgetrieben wurde. Unter Beibehaltung des Kurses würde der Flug am Funkfeuer vorbeiführen. Um das zu vermeiden, muß von Anfang an ein sogenannter Vorhaltewinkel berücksichtigt werden. Hat der Vorhaltewinkel die richtige Größe, fliegt das Flugzeug direkt auf sein Ziel zu, obwohl seine Nase nicht dorthin zeigt.
Ein Fährbeispiel: Sie beobachten die Rhein-Fähre zwischen Bad Godesberg und Königswinter von ihrer Ablegestelle aus. Die Anlegestelle befindet sich auf gleicher Höhe gegenüber am anderen Ufer. Hielte der Steuermann die Fähre nach dem Ablegen mit ihrem Bug genau in diese Richtung, sie triebe beim Hinüberfahren durch die Strömung des Rheins mehr und mehr ab. Auf diese Weise würde sie das andere Ufer unterhalb der Anlegestelle erreichen. Damit das nicht passiert, dreht der Steuermann die Fähre von Anfang an mit der Nase etwas rheinaufwärts. Sie sehen das Schiff nicht genau von hinten, weil es einen Vorhaltewinkel eingenommen hat. Schiffe wie Flugzeuge erfahren bei diesem Vorhalten keine seitliche Anströmung. Wirklich! Sie bewegen sich in ihrem Medium genau in Richtung des Bugs.
Was bei der Fähre das fließende Wasser ist, ist beim Flugzeug der Seitenwind, beim schräg von vorn oder hinten kommenden Wind die daraus resultierende Seitenwindkomponente. Weil bei starker Seitenwindkomponente auch stark vorgehalten werden muß, kann es passieren, daß man vom seitlichen Passagierfenster aus in Flugrichtung sehen kann. Den Kopf dicht ans Fenster gedrückt,

habe ich schon bis zu einem Winkel von 23 Grad (nachgemessen!) querab von der Flugzeuglängsachse rausschauen können. Das reicht, um im Reiseflug bei seltenen 200 Knoten Seitenwind in Flugrichtung blicken zu können. Rechnerisch sicherlich interessant, aber mangels handfester Beobachtungsmerkmale nicht nachhaltig beeindruckend. Die Zeit der weithin sichtbaren Navigationsfeuer ist vorbei. Deshalb heißen sie ja heute nur noch Funkfeuer.

Insgesamt vier Navigationsempfänger können wir zum Empfang verschiedener Funkfeuer einsetzen. Zwei für die komfortablen »VORs« mit der Einrichtung zur Entfernungsmessung und die anderen zwei für die auf Langwelle sendenden »ungerichteten Funkfeuer« (*automatic direction finding equipment* – ADF). Zur Zeit nutzen wir nur die »VOR«-Empfänger. Der eine empfängt noch auf der Frequenz 116,2 Megahertz die Station GSO. In den anderen dreht der Copilot gerade 113,3 ein. Das ist ein 140 Meilen voraus stehender Sender namens Flat Rock oder kurz: FAK. Gleich nach FAK wird vielleicht rechts unten Richmond, die Hauptstadt Virginias, zu sehen sein. Zur Zeit haben wir die dafür beste Sicht. Die Sonne steht tief am Westhimmel und wird wegen unserer östlichen Flugrichtung sehr schnell untergehen.

22:54 UTC: GSO-Überflug. Der »VOR«-Zeiger dreht sich nach hinten. Die GSO-Entfernungsanzeige erreicht ihr Minimum bei etwa fünf Meilen und wird gleich wieder zunehmen. Wir halten die Überflugzeit fest und vergleichen sie mit unseren Plan. Um 22:54 Uhr und bei 38 Minuten Flugzeit haben wir eine Minute »verloren«. Unserem Flugplan entsprechend hätte der Überflug nach 37 Minuten erfolgen sollen, eine unbedeutende Minute Unterschied, solange der Kraftstoffverbrauch im Toleranzbereich bleibt. Genau der muß jetzt kontrolliert werden. GSO ist der erste »Fuel-Checkpoint«.

Der vom heimatlichen Computer errechnete Flugplan teilte unseren Flug in viele Teilstrecken auf und errechnete für jedes Stück die Flugzeit und den Kraftstoffverbrauch. Klar, daß zu Beginn eines jeden neuen Teilstücks das Flugzeug leichter geworden ist, demzufolge auch der Verbrauch abnimmt. Ungenau bliebe die Rechnung, wenn nicht ebenfalls der zu erwartende Wind berücksichtigt würde. Da er die Zeit zum Durchfliegen eines Teilstücks verkürzt oder verlängert, hat er erheblichen Einfluß auf die Flugzeit und damit den Verbrauch.
Lassen Sie uns rechnen: Sieben Tankinhalte addiert ergeben den »Rest«-Kraftstoff von 107 900 Kilogramm. Der Plan gibt für diesen Zeitpunkt 100 100 Kilogramm als Minimum an. Somit hätten wir 7800 übrig. Kein Wunder, denn eine vorgeschriebene Reserve von fünf Prozent macht rechnerisch genau 5208 Kilogramm aus. Außerdem hatten wir wegen der zu erwartenden Verkehrsspitze zur angekündigten Landezeit in Frankfurt Extrakraftstoff mitgenommen. Dies sind 2013 Kilogramm. Diese krumme Zahl ist nicht das Ergebnis einer langwierigen Rechnerei, sondern verbunden mit der bei der Flugvorbereitung beschriebenen Minimumkraftstoffmenge von 118 187 Kilogramm und einer Aufrundung auf einen vollen Hunderter, nämlich 120 200 Kilogramm. Da wir auch noch von den zusätzlich für den Rollweg getankten 1100 Kilogramm zum Start nur 700 verbraucht haben, müßten wir theoretisch rund 7600 Kilogramm übrig haben. Mit den tatsächlichen 7800 Rest haben wir demnach im Flug 200 Kilogramm weniger verbraucht als zu erwarten war. Das sind 250 Liter, viel für uns Autofahrer, aber nur zwei Promille der getankten Menge.
Aber hier ist die Rechnerei noch nicht zu Ende. Es fehlt die Kontrolle der Kontrolle. Dazu hat jeder der vier Motoren eine Verbrauchsanzeige. Ich brauche nur die vier Anzeigen zusammenzuziehen (… und zum Ver-

brauch hinzu ...), und es muß als Summe die getankte Menge herauskommen. Stimmt erstaunlich genau!
23:10 UTC, Flugzeit 00:54 Stunden: Nach elf Minuten South Carolina und ungefähr zwanzig Minuten North Carolina überfliegen wir in Virginia den Pflichtmeldepunkt FAK. Wechsel der Flugsicherungsfrequenz zu der mit dem Namen »Boston«. Neuer Kurs mit Kontrolle, neues vorausliegendes Funkfeuer rasten, angezeigte Richtung und Entfernung auf Plausibilität prüfen und vieles mehr. Diese Tätigkeiten der Flugzeugführer werden von mir mitgehört, beobachtet und an Hand meiner Karten verfolgt.

Radargeräte ermöglichen einen dichteren Verkehr

Außentemperatur, Gewicht und ein Diagramm zeigen mir, daß in 30 Minuten das Steigen auf Flugfläche 310 (31 000 ft) wirtschaftlich ist. Da mit leichter werdendem Flugzeug die Höhe steigt, bei der der Verbrauch am geringsten ist, versuchen wir, dieser günstigen Höhe möglichst nahe zu kommen. Das ist nur in den hier üblichen 2000-feet-Schritten (600 m) möglich und muß mit der Flugsicherung abgesprochen werden. Sie allein entscheidet darüber, wie der Luftraum genutzt wird. Sie ist es ja auch, die uns die anderen Flugzeuge vom Leib (vom Blech) hält. Dazu ist nicht unbedingt ein Radargerät erforderlich; die regelmäßigen Positionsmeldungen der Flugzeuge würden ausreichen. Bei fehlender Radarüberwachung müßte man die Flugzeuge aber aus Sicherheitsgründen in größerer Entfernung voneinander staffeln.
Die Radargeräte der Flugsicherung arbeiten wie die »DME«- Entfernungsmesser nach dem Prinzip der Laufzeitmessung. Der sich im Kreis drehende, hohlförmige Radarschirm erinnert nicht nur äußerlich an den bün-

delnden Reflektor einer Lampe, er wirkt auch so. Er sendet immer nur gebündelt in eine Richtung. Hierfür und für eine saubere Reflexion seiner Strahlen braucht er allerdings keinen Hochglanzreflektor. Da es sich nicht um Lichtstrahlen handelt, genügt ein pflegeleichtes Gitter, das dem Wind keine große Angriffsfläche bietet.
Treffen die in kurzer Folge ausgesendeten Impulse auf ein Flugzeug, werden sie von dessen Blech reflektiert und vor dem Aussenden des nächsten Impulses von dem Radarreflektor wieder eingefangen. Je kürzer die Signallaufzeit, desto näher ist das Flugzeug. Vor dem Aussenden des nächsten Impulses hat sich die Antenne bereits ein Stück weitergedreht und tastet so Stück für Stück den gesamten Himmel um sich herum ab. Das Ergebnis wird auf einem Bildschirm angezeigt.
Radargeräte arbeiten im Gigahertzbereich. Die nahreichenden knapp über der Frequenz von einem, die weitreichenden knapp unter drei Gigahertz. Eine eigentlich unvorstellbar hohe Frequenz, auch wenn die haushaltsüblichen Satellitenschüsseln mit noch viel höheren arbeiten, nämlich größtenteils über zehn bis dreizehn Gigahertz (10 000 000 000 bis 13 000 000 000 Schwingungen pro Sekunde).
Doch so, wie bisher beschrieben, ist die Überwachung des Flugverkehrs nicht ausreichend. Es fehlt noch die Höheninformation. Die eben beschriebene Vorrichtung mit dem Drehschirm heißt Primärradar. Informationen über die Flughöhe kann nur ein Sekundärradar liefern. Ist das Primärradar bereits mit irgend etwas Reflektierendem am Himmel zufrieden, um es auf seinem Radarschirm abzubilden, so ist das Sekundärradar anspruchsvoller. Es benötigt ein spezielles Empfänger-Sender-Gerät an Bord eines jeden Flugzeugs. Viele Fluggebiete dürfen ohne einen solchen »Transponder« nicht überflogen werden. Deshalb haben wir zwei an Bord!
Zeitgleich mit dem ausgesendeten Impuls des Primärra-

dars macht sich auf einer wesentlich niedrigeren Frequenz der Sekundärstrahl auf den Weg. Er ist ein Abfrageimpuls und kommt aus einer Sendeantenne, die an der sich drehenden Primärradarantenne befestigt ist und in die gleiche Richtung zeigt. Der Transponder an Bord des Flugzeugs empfängt den Abfrageimpuls und sendet sogleich digital die augenblickliche Flughöhe mit einem ganz »persönlichen« Schlüsselwort zurück. Dieses Schlüsselwort ist notwendig, weil der vom Boden ausgesendete Impuls ohne weiteres auf zwei oder mehr Flugzeuge treffen kann. Das Schlüsselwort ist veränderbar und wird im Cockpit nach Anweisung der Bodenstelle beim Einflug in eine Kontrollzone auf die gewünschte Kodierung geschaltet.
Eine doppelte Kontrolle entspricht dem Standard, manches wird dreifach, der Luftraum vierfach beobachtet. Die in einem abgedunkelten Raum vor ihren Bildschirmen sitzenden Fluglotsen sorgen am Himmel für Ordnung. Sie bearbeiten einen bestimmten Sektor und sprechen mit uns auf einer der zwischen 118 und 136 Megahertz liegenden Funksprechfrequenzen. Alles, was hier gesprochen wird, kann von uns mitgehört werden und sich als Nebenkontrolle in einem geschulten Kopf zu einem imaginären Radarbild zusammensetzen. Meine Hochachtung für manche Flugzeugführer, die sich neben ihren anderen Aufgaben auch solche Dinge merken können.
Eine weitere Kontrolle ist natürlich der Blick durch die Fenster im Cockpit. Besonders im Steig- oder Sinkflug gilt: Luftraumbeobachtung wann immer möglich! Die vierte Prüfung erfolgt automatisch. Eine »black box« merkt jede nicht ordnungsgemäße Annäherung an ein fremdes Flugzeug. Akustisch und auf Instrumenten warnt sie uns, wenn ihr Rechner in der Beibehaltung der Flugrichtungen des eigenen und des sich nähernden Flugzeugs eine Gefahr ausmacht. Zur Feststellung von

Ort und Bewegung der sich im Luftraum befindlichen Flugzeuge bedient sich dieses Antikollisionswarngerät (*traffic alert and collison avoidance system* – TCAS) der eben erwähnten Sekundärradargeräte anderer Flugzeuge. Tag und Nacht!
Jetzt geht die Sonne am klaren Horizont unter. Vierzehn Minuten vorher verschwand sie unten auf der Erde. Diese Zeitspanne ist verständlicherweise von der Flughöhe abhängig, wird aber auch jahreszeitlich und geographisch etwas beeinflußt. Die Erde jedenfalls ist dunkel, Häufungen von Straßenlampen markieren die Städte. Links querab Washington am noch vom hellroten Westhimmel schimmernden Fluß Potomac. Eine Stadt, in der ein Gesetz den Bau von Hochhäusern über 13 Stockwerke verbietet. Sechzig Kilometer weiter, ebenfalls links voraus, ist Baltimore zu sehen. Wegen der sehr guten Sicht liegt alles greifbar nahe. Auch der Küstenstreifen vom Atlantischen Ozean ist in 150 Kilometern Entfernung zu sehen.

Ein Flugzeug ist wie ein dressierter Löwe

Für solche landschaftlichen Beobachtungen müssen selbstverständlich kurze Blicke reichen. Schließlich will die Maschine am Laufen gehalten werden. Mit dem Flugzeug ist es wie mit einem dressierten Löwen: Beide darf man nicht aus den Augen verlieren. Der Löwe mag noch so gut dressiert, das Flugzeug noch so gut automatisiert sein, man muß sein Verhalten im Vorfeld kennen und vorbereitet sein, sonst kommt man zu spät.
Im Cockpit sind solche für einen Außenstehenden sicher zufällig oder beiläufig erscheinenden Handlungen an der Tagesordnung. Einen noch größeren Anteil haben Beobachtungen, die einer Handlung vorausgehen oder ihr folgen.

Da ist das Einfahren der Fahrwerke kurz nach dem Abheben. Dazu griff der nichtsteuernde Flugzeugführer zum Fahrwerkshebel und legte ihn um. Verständlicherweise darf dies niemals vor dem Abheben auch des letzten Rades geschehen. Obwohl der Fahrwerkshebel am Boden elektrisch-mechanisch verriegelt ist und dadurch ein zu frühes Einfahren der Räder verhindert wird, verläßt man sich nicht nur auf eine solche Sicherung. Vor dem Hebelumlegen hatte der Flugzeugführer durch einen entsprechenden Ausruf (»*positive rate!*«) das Steigen des Flugzeugs auf einem Instrument festgestellt und daraufhin vom steuernden Flugzeugführer die Anweisung zum Einfahren bekommen.

Das Einfahren aller fünf Fahrwerke wird von mir normalerweise nur überwacht. Zunächst öffnen sich die Fahrwerkstüren. Die vom Start noch schnell laufenden Räder werden abgebremst. An den noch ausgefahrenen doppelachsigen und vierrädrigen Hauptfahrwerken ist das Fahrgestell nach dem Abheben gekippt. Die jeweils vorderen beiden Räder haben sich gegenüber den hinteren angehoben. Nur so passen sie in ihre maßgeschneiderten Schächte. Sind die Fahrwerke eingefahren, werden sie und die sich danach schließenden Falttüren verriegelt. Jede einzelne Bewegung und Verriegelung wird von mir über Kontrollampen genau verfolgt. Da alles hydraulisch abläuft, ist die Beobachtung der zuständigen Hydrauliksysteme unumgänglich. Ist die Aktion erfolgreich verlaufen, bestätige ich dies durch Ausruf.

Auch wenn viele Leser jetzt denken: »Da kann man im Falle eines Fehlers doch sowieso nichts machen«, es gibt für jede Fehlerart entsprechende Verfahren. Sie wurden schon bei der Konstruktion des Flugzeugs erdacht und müssen im Eventualfall beherrscht und nicht neu erfunden werden.

Ähnlich aufwendig und aufmerksam wird im anfänglichen Steigflug das stufenweise und geschwindigkeitsabhängige Einfahren der Klappen behandelt. Zu ihrer Betätigung gibt es nur einen Hebel. Solche beobachtungsintensiven, wenig handlungsreichen Arbeiten enden auch im »Reiseflug des Autopiloten« nicht. Nur in Spielfilmen glaubt die Crew an die unbedingte Betriebssicherheit eines Autopiloten und verläßt das Cockpit. Die Wirklichkeit kennt überhaupt keinen sicheren Automaten, und ein Autopilot, der ohne wiederholte Befehlseingaben seinen Weg zum Ziel findet, ist noch nicht auf dem Markt. Nun hieße er aber nicht Autopilot, wenn er nicht doch eine brauchbare Hilfe wäre.

Ohne Autopilot wäre ein Flugzeugführer auf Dauer damit belastet, Höhe und Richtung des Fluges beizubehalten. Die Möglichkeiten, darüber hinaus weitere Aufgaben wahrzunehmen, blieben begrenzt. Der Autopilot übernimmt dieses Höhen- und Richtungshalten, mehr aber kaum. Die wesentliche Arbeit der Flugdurchführung bleibt manuell.

Für die eingehaltene Höhe, Richtung und Geschwindigkeit bin ich mitverantwortlich, gleichgültig, ob der Autopilot eingeschaltet ist oder nicht. Genausowenig, wie sich für mich nach dem Einschalten des Autopiloten die nötige Beobachtung und Bearbeitung aller Flugsysteme erübrigt, mindert sich für die Flugzeugführer der Aufwand für die Navigation und die Kommunikation mit der Flugsicherung.

23:20 UTC, Flugzeit 1:04 Stunden: Wir überfliegen den Navigationspunkt »OTT«, den wir in der Meldung an die uns noch zugewiesene Flugsicherungsstelle »Boston« »Oscar-Tango-Tango« oder »Nottingham« nennen. Dies ist wieder einer der Pflichtmeldepunkte, von denen wir bis zum Beginn der Atlantiküberquerung noch viele überfliegen werden.

Kein magnetischer Kompaß weiß, wo der Nordpol ist

Solche Kurswechsel wie bei OTT, von der Luftstraße J51 mit einer Rechtskurve auf einen neuen Kurs und anschließend auf eine weiter östlich verlaufende Luftstraße, werden wir bis Frankfurt noch vielfach vornehmen. An den Überflugpunkten auf dem Atlantik gibt es allerdings keine hilfreichen Bodensender mehr. Da muß ein anderes Hilfsmittel her: das INS. Um dieses Universalmittel der Navigation besser zu verstehen, noch etwas zum Begriff der Himmelsrichtung.
Das für die Anzeige der Bodengeschwindigkeit beschriebene Trägheitsnavigationsgerät INS war schon beim Rollen zum Start unser »Tacho«. Gleich nach dem Abheben zeigte es einen weiteren Teil seines umfangreichen Könnens. Schnell stellte das INS fest, daß die Flugrichtung und Fluggeschwindigkeit gegenüber der Luft jetzt nicht mit Kurs und Geschwindigkeit auf dem Boden übereinstimmten. Statt einer Fehlermeldung rechnete das INS mit Hilfe der einfachen Geometrie die Differenz in Windstärke und sogar in Windrichtung um.
Im Augenblick ist zu lesen »030 075«, das heißt, der Wind kommt aus der Himmelsrichtung 30 Grad mit einer Geschwindigkeit von 75 Knoten (139 km/h). Dabei muß man aber zu berücksichtigen, daß sich die vom INS angegebene Himmelsrichtung auf den geographischen und nicht auf den magnetischen Nordpol bezieht. Der geographische Nordpol befindet sich genau dort, wo bei Ihrem Globus zu Hause die Achse rausschaut. Nachdem ich, noch an unserem Abflugsteig parkend, den drei INS-Geräten unseren genauen Standort eingetippt hatte, hat sich die Erde unter uns wie gewohnt weitergedreht. Und nicht nur unter uns, sondern auch unter den schnell rotierenden und damit raumstabilen Kreiseln des INS. (Besser »weltraumstabil«, weil sich der laufende Kreisel, genauso wie das ausgebaute Rad eines

INS-Standortanzeige: 56 Grad und 40,5 Winkelminuten
nördliche Breite, 179 Grad und 59,7 Winkelminuten
westlicher Länge

Fahrrads, so verhält, als wäre es im Weltraum aufgehängt.)
Hätten wir uns während der Einschaltphase 15 Minuten zu einem der für die Himmelsrichtung zuständigen Kreisel in eine der schwarzen INS-Kisten gesetzt, so wäre uns die Drehung seiner Achsrichtung in der »black box« aufgefallen. Wir hätten aber nur die *scheinbare* Verdrehung des Kreisels beobachtet. Scheinbar, denn die Erde war es, die sich mit der Kiste in dieser Zeit um fast vier Grad drehte, der Kreisel blieb natürlich stehen. Rechtwinklig zu dieser scheinbaren Kreiseldrehung liegt die geographische Nord-Süd-Richtung.
Gleich, ob ein Kompaß geographisch oder magnetisch nach Norden ausgerichtet ist, er hat immer die 360-Grad-Teilung. Null oder 360 Grad ist Norden, die 90 Grad zeigen nach Osten, mit 180 Grad ist der Süden gemeint, und die 270 Grad weisen genau nach Westen. Im Gegen-

satz zum INS, das immer geographisch nach Norden ausgerichtet und deshalb für die Navigation bestens geeignet ist, steckt in der magnetischen Anzeige eine Variable, die es wegen ihrer nicht unerheblichen Größe immer dann zu berücksichtigen gilt, wenn die Genauigkeit größer sein soll.

Will man in Frankfurt am Main seinen magnetischen Pfadfinderkompaß ausrichten, so dreht man ihn so lange, bis die Kompaßnadel auf 359 Grad zeigt. Nur so ist die Kompaßrose nach geographisch Nord ausgerichtet, und man kann mit ihrer Hilfe Atlas oder Wanderkarte einnorden. Diesen Unterschied von einem Grad nennt man Variation. Daß die Kompaßnadel auf 359 Grad zeigen muß, liegt nicht nur an den 1500 Kilometern Abstand zwischen dem magnetischen Nordpol im hohen Norden Kanadas und dem geographischen Nordpol, sondern auch an anderen großflächigen magnetischen Erdbeeinflussungen.

Ist die Variation in Frankfurt am Main ein Grad, so ist sie in Luxemburg zwei, in Paris drei und in London knapp fünf Grad nach Westen, jedoch in Magdeburg und Erlangen rund null. An unserem augenblicklichen Standort beträgt sie zehn Grad West und wird vor unserer Atlantiküberquerung bei Gander in Neufundland stattliche 25 Grad West erreichen.

Eine Anmerkung für den Leser, der dieses Buch vielleicht einmal erbt oder viele Jahre später im Antiquariat ersteht: Die Variation verändert sich. Ist die Variation in Frankfurt heute ein Grad nach Westen, so war sie 1950 noch 4,5 Grad West. Solche Veränderungen haben zur Folge, daß Landebahnen von Zeit zu Zeit umbenannt werden, weil ihre Bezeichnung nach der magnetischen Himmelsrichtung der Bahn erfolgt und dieser Kurs vom anfliegenden Flugzeug in der Endphase eingehalten wird. Das entsprechende Hilfsmittel im Cockpit ist der magnetische Kompaß.

Zur Grundausstattung eines Verkehrsflugzeugs gehören zwei komplett getrennte magnetische Kompaßanlagen. Eine Anlage versorgt normalerweise die auf der Kapitänsseite eingebaute Kompaßrose, eine andere die Rose auf der Seite des Copiloten. Die Bezeichnung »Anlage« läßt Größeres vermuten, und so muß kein Cockpitmitglied vor Gebrauch einen Kompaß ausrichten. Dies geschieht automatisch, eine magnetische Kompaßnadel gibt es deshalb im Cockpit gar nicht mehr.
In jeder Tragflächenspitze befindet sich in einer – einschließlich der kleinsten Schraube – antimagnetischen Umgebung ein Erdfelddetektor, der präzise mißt, wo sich magnetisch Norden befindet. Damit die Kompaßrose nicht bei der kleinsten Störung im Erdfelddetektor das Zittern bekommt, wird diese Information zuerst zu einem Kreisel geführt, der das Richtungssignal stabilisiert. Mit dem gedämpften Signal wird die im Instrumentenbrett vor den Piloten senkrecht stehende Kompaßrose nach Norden ausgerichtet. Was nach oben zeigt, ist die Richtung der Flugzeugnase. Natürlich die magnetische Richtung – und natürlich die Flugrichtung gegenüber der Luft! Will man die Variation wissen, also die Differenz zwischen der magnetischen und der geographischen Himmelsrichtung, dann schaut man in die Navigationskarte oder, noch einfacher, auf den Unterschied zwischen der INS-Kompaßrose und der des magnetischen Kompasses. Ist die Variation auf einer Karte eingezeichnet, könnte man sie doch auch von einem Computer abfragen. Die Variationen der gesamten Welt sind nämlich für das IRS gespeichert. Anstelle einer Messung mittels Erdfelddetektoren addiert das IRS die augenblickliche Variation zu geographisch Nord und erhält so zusätzlich magnetisch Nord.
Mit ihren jetzigen Kenntnissen könnten Sie nun problemlos den Kurs halten, und für die Ortsbestimmung kennen Sie die Navigationssender VOR und ADF sowie

den Entfernungsmesser DME. Doch was über dem Atlantik notwendig ist, praktizieren wir bereits seit Atlanta: Das INS bestimmt die Navigation.

Eine Automatik läuft selten automatisch

Noch in der Parkposition unseres Flugzeugs am Flugsteig acht von Atlanta fütterten beide Flugzeugführer die INS-Anlagen mit den Überflugpunkten der ersten Teilstrecke. Auf diese Weise kennen diese die vorausliegenden Navigationspunkte. Auch OTT war einer der Punkte, der mit 38 Grad und 42,4 Minuten Nord und 76 Grad und 44,7 Minuten West von ihnen eingetippt wurde. Wird nun der Autopilot mit einem INS verbunden, kann er das Flugzeug von Punkt zu Punkt führen.
Eine feine Sache! »Fliegen Sie jetzt automatisch?« fragen die meisten Cockpitbesucher. Ja, wäre die richtige Antwort, wenn man den Automatikbegriff so nimmt, wie ihn die Industrie verkauft. Denn »Aha, Sie fahren Automatik!« spart beim Autofahren lediglich ein Bein, aber nicht den Schalthebel. Die automatisch arbeitende Wasch- oder Spülmaschine läßt man so lange allein, bis sie gründlich versagt und keine Versicherung den Wasserschaden bezahlt.
Weil es ähnlich »automatisch« mit dem INS-geführten Autopiloten zugeht, bleibt sein Verhalten ständig unter Aufsicht. Wird ein Navigationspunkt überflogen, werden die Koordinaten noch mal mit den Unterlagen verglichen. Der neu eingeschlagene Kurs über Grund muß mit dem auf der Karte übereinstimmen. Damit sind die Arbeiten noch nicht zu Ende. Der Report an die Flugsicherung mit voraussichtlicher Überflugzeit des nächsten Punktes wird abgesetzt. Jeder im Cockpit ist beteiligt. Was macht der Wind, was seine Richtung? Wie groß ist die aktuelle Geschwindigkeit über Grund gegenüber

dem Flugplan? Wie hoch war der Kraftstoffverbrauch? Wie hoch ist die Restkraftstoffmenge? Und schließlich: Wäre unter Einbeziehung aller Umstände eine andere Flugfläche für den Verbrauch günstiger? Alles Arbeiten, die auch im modernsten Zweimanncockpit kein Automat übernimmt.
Und wozu dann noch VORs, ADFs und DMEs? Häufig nur zur Kontrolle! Zur Kontrolle, ob das INS richtig funktioniert. Darüber hinaus kann man in unserem Cockpit durch manuelles Schalten die Genauigkeit des INS verbessern. Dabei wird ein möglicher geringfügiger Ortsfehler im Laufe von vielen Flugstunden mit Hilfe einer angepeilten VOR korrigiert *(update)*. Hier nutzt das INS die gleichen Techniken, die in dem vom IRS-gestützten FMS des modernen Zweimanncockpits automatisch ablaufen.
Kontrollieren ist das halbe Fliegerleben, und da man nicht alles gleichzeitig im Auge behalten kann, bestimmt erst die Sachkenntnis den richtigen Augenblick. Eine Fähigkeit, an deren Erwerb ich mich bestens erinnere. Sie ist unauffällig wie die Tätigkeit eines bewegungslos Lesenden, die ein unbeteiligter Beobachter nicht unbedingt wahrnimmt.
Eine auffallende Arbeit wird dagegen die routinemäßige Überprüfung der Triebwerke sein. Auf einem langen Flug wie diesem werde ich in einer stabilisierten Flugphase zweimal die verschiedensten Triebwerksparameter aufzeichnen. Bei vorübergehend ausgeschalteter Geschwindigkeitsregelung erlauben die dann stationär laufenden Motoren, daß ich von ihnen eine Momentaufnahme mache, bei der alle Werte miteinander korrespondieren müssen. Außentemperatur und Fluggeschwindigkeit dürfen sich dabei nur in engen Toleranzbereichen ändern.
Mit diesen Werten wird nicht lange nach unserer Landung ein Computer gefüttert. Er schickt sie an eine zen-

trale Stelle, wo sie chronologisch älteren Werten zugeordnet werden. Die dadurch mögliche automatische Trendkontrolle kann an einem Motor eine Vielzahl von Veränderungen wie Drehzahlen, Abgastemperatur, Verbrauch, Öldruck und Öltemperatur, Vibrationen der Lager und anderes erkennen lassen. Daß diese Werte sich im Laufe eines Triebwerklebens verändern, ist nicht weiter bemerkenswert, die Geschwindigkeit, mit der dies geschieht, ist das entscheidende Datum. Würde ein Pkw-Motor mit dieser Gründlichkeit überwacht, die Straßenwacht der Automobilclubs wäre überflüssig.
Diese manuelle Arbeit des Flugingenieurs für die Trendkontrolle ist eines der wenigen Beispiele wirklich gelungener, also wahrer Automatisation. In den modernen Zweimanncockpits »schnappt« sich nämlich in einer Flugphase der »Ruhe« ein Computer mit einem Mal alle Triebwerksparameter und sendet sie ohne menschliches Dazutun per Funk in den Zentralcomputer.

**Das scheinbar Banale,
das sich nicht automatisieren läßt**

Wie schwierig Automatisation ist, zeigt ein anderes Beispiel. Normalerweise ist es die Aufgabe des Kapitäns, den Schalter für die Nichtraucherzeichen zu betätigen. Wurde das Fahrwerk nach dem Start eingefahren, schaltete er die Zeichen per Hand aus. Wurde das Fahrwerk ausgefahren, schaltete er sie wieder ein. Prima, sagte sich der Konstrukteur und stellte eine automatische Verbindung zwischen dem Bewegen des Fahrwerks und »No Smoking« her. Letztlich aber ist es beim Schalter für manuelle Betätigung geblieben, denn es gibt auch andere Situationen, bei denen das Nichtraucherzeichen leuchten oder nicht leuchten soll. Zum Beispiel der sich mehr und mehr durchsetzende Nichtraucherflug. Wenn

Immer zwei Flugschreiber nebeneinander (Boeing 747)

nun bei jedem Fahrwerkseinfahren der Kapitän, und wegen der gegenseitigen Überwachung auch die anderen Cockpitmitarbeiter, nicht darüber nachdenken würden, ob die »Automatik« die Nichtraucherzeichen ausschalten darf, könnte so etwas leicht vergessen werden. Fazit: eine Automatik der typischen Art. Daran denken muß man immer, eingreifen aber nur, wenn die Automatik »am Ende ist«. Das aber erkennt man nur, indem man ihr ständig zuschaut.
Würde eines Tages der »Bitte Anschnallen«-Schalter (»*fasten seat belt*«-Schalter) aus dem Cockpit verbannt, dann würde mit ihm einer der letzten Schalter verschwinden. Die Zusammenhänge für seine Betätigung sind zwar banal, aber vielfältig und mathematisch nicht greifbar, deshalb werden diese Schalter sich auf Dauer der Automatisation entziehen.
Wirklich automatisch laufen zwei andere Apparaturen, die weitgehend unsichtbar, aber ständig zugegen sind.

Manchmal werden sie in den Medien als »der Flugschreiber« bezeichnet. In Wirklichkeit handelt es sich um zwei voneinander unabhängige, ausnahmsweise rote »black boxes«. Die eine Kiste ist ein Vierspurtonbandgerät (*voice-recorder*) mit einem Endlosband von 30 Minuten Länge. Auf drei Spuren wird der Funksprechverkehr jedes einzelnen Cockpitmitarbeiters aufgezeichnet. Die vierte Spur nimmt zusätzlich alles Gesprochene im Cockpit auf. Die andere Kiste ist ein Flugdatenschreiber (*flight-recorder*), der sich auf einem Endlosband von 25 Stunden Länge pausenlos weit über 50 der wichtigsten Flugdaten, wie Höhe, Richtung, Geschwindigkeit und Triebwerkseinstellungen, einverleibt.

Die beiden gut verpackten Geräte, Flugschreiber und Tonbandgerät, werden für die Aufklärung »fliegerischer Zwischenfälle« herangezogen, die daraus gewonnenen Erkenntnisse dienen aber auch der ständigen Verbesserung des Systems Mensch–Maschine.

23:29 UTC, Flugzeit 01:13 Stunden: Unser Flugzeug ist zwischenzeitlich nicht stehengeblieben. Den zweitkleinsten Staat der USA, Delaware, haben wir in weniger als drei Minuten überquert. Unsere Bodengeschwindigkeit beträgt dank einer Rückenwindkomponente 522 Knoten und ist damit höher als unsere wahre Luftgeschwindigkeit von 503 Knoten. Wir überfliegen demnach den Erdboden mit 16 Kilometern pro Minute.

Noch über Delaware fliegend, sahen wir rechts voraus das Seebad Atlantic City. Es ist nicht groß, hebt sich aber wegen seiner räumlich konzentrierten Spielkasinoreklamen als besonders heller Fleck hervor. Links wurde dann eine der wenigen Millionenstädte der USA, Philadelphia, immer größer. Als wir die Stadt im Abstand von acht Seemeilen passierten, überflogen wir den geschichtsträchtigen Flugplatz Lakehurst, auf dem 1937 durch einen tragischen Unfall der Aufstieg der Zeppelinfliegerei sein Ende fand.

23:37 UTC, Flugzeit 01:21 Stunden: Mehrere Navigationspunkte, zwei Funksprechfrequenzwechsel und zwei Kraftstoffmessungen haben wir seit Funkfeuer OTT hinter uns gebracht. Jetzt bekommen wir die Anweisung, von unserer Flugfläche 290 auf Flugfläche 330 zu steigen. Bis hierher haben wir auf unserer Reise 632 Seemeilen (1170 km) zurückgelegt. Unser Kraftstoff von 120 600 Kilogramm beim Start hat sich während der letzten 81 Minuten um 22 700 verringert.

Ein solcher Zwischensteigflug (*step climb*) wird erst akzeptiert, wenn Machbarkeit und Wirtschaftlichkeit überprüft worden sind. Die Machbarkeit bei unserer Geschwindigkeit, unserem momentanen Gewicht sowie bei der auf der neuen Flugfläche zu erwartenden Temperatur prüfe ich an Hand von Tabellen. Gleichzeitig rechnen die Flugzeugführer mit Hilfe von Windkarten die in der neuen Höhe zu erwartende Windkomponente aus, mit dieser Angabe kann ich aus den Tabellen dann auch die Wirtschaftlichkeit herauslesen.

Der steuernde Flugzeugführer nimmt einige Veränderungen am Autopiloten vor, während ich die auf die Gashebel einwirkende Geschwindigkeitsregelung (*auto throttle*) von Geschwindigkeithalten auf den hier maximal erlaubten Schub umstelle. Die strengen Physiker unter den Lesern werden die Nase rümpfen: Dieser »Schub« nennt sich Steig-»Leistung« (*climb power*). Physikalisch keine saubere Bezeichnung, aber beim Autofahren sagen wir auch »Gib Gas!« und spritzen mehr Kraftstoff ein.

23:41 UTC, Flugzeit 01:25 Stunden: FL 330 erreicht. ATC informiert. Schalten am Autopiloten. Die beim Steigen geringfügig verringerte Geschwindigkeit ist wieder aufgeholt. Einschalten der Geschwindigkeitsregelung bei Mach 0,84. Kontrolle von aktueller Temperatur und Windkomponente. Überprüfung von vier mal neun Triebwerksinstrumenten. Dann auch gleich die routinemäßige Kontrolle des gesamten »FE-panel«, von der Hydraulik bis zum Wasservorrat. Tourist Class und Upper Deck etwas kälter einstellen. Der Purser kommt und fragt mich, ob wir, was die Flugzeit betrifft, »im Plan« sind. Die Stromversorgung ist okay. Alle Generatoren arbeiten gleichmäßig. Für die Elektriker: Wirk- und Blindstromverteilung zeugen von vier zufriedenen Generatoren. Der höhere Stromverbrauch läßt darauf schließen, daß das Essen in den Umluftöfen erhitzt wird. Sicherlich ist auch hier und da eine der fünf Kilowatt verschlingenden Kaffeemaschinen eingeschaltet. – Jetzt werden wir aufgefordert, auf eine andere Frequenz, zu New York Center zu wechseln. – Die Kollegin aus der First Class im Upper Deck stellt mir einen Kaffee mit Sahne auf den Tisch. – Dank der mit 35 Grad Celsius einströmenden Luft ist es in unserer Piloteria angenehm warm (Im Gegensatz zur Touristenklasse sind hier weniger Heizer im »Abteil«!). Die Welt ist in Ordnung. Noch 06:56 Stunden bis FRA.

Eine Stadt des Besonderen

Wegen der »Pol zu Pol«-Sicht in dieser Nacht war der erste Helligkeitsschein von New York schon aus über 150 Kilometern Entfernung zu sehen. Anfänglich ein Lichtknäuel, läßt sich jetzt schon einiges unterscheiden.
Mit New York meinen Besucher im allgemeinen nur den Stadtteil Manhattan: Es sieht phantastisch aus. Als wäre unser Flugweg nach dieser Sehenswürdigkeit ausgesucht, fliegen wir in idealem Abstand östlich so an Manhattan vorbei, daß es für die Passagiere auf der linken Seite hervorragend zu sehen ist. 24 Meilen vom Funkfeuer am New Yorker Flughafen J. F. Kennedy entfernt, befinden wir uns, natürlich nur für einen ganz kurzen Moment, genau in Verlängerung der parallel

verlaufenden Avenues, der Alleen von Manhattan. Sie sind auf den meisten Stadtplänen senkrecht eingezeichnet, laufen aber nicht genau in Nord-Süd-Richtung, wie es eigentlich für amerikanische Städte üblich ist.

Weniger als eine Minute später sind wir in der Verlängerung des Broadways, der einzigen Straße, die in etwa diagonal, mit einigen Kurven, durch Manhattan verläuft und sich damit nicht an das übliche Ordnungsmuster hält. Im Mittelpunkt, am Times Square, sieht man deutlich eine Werbewand mit wechselnden Farben. Das Empire State Building ist auszumachen, weil es im oberen Teil kräftig angestrahlt wird. Kurz vor Überfliegen des Flughafens J. F. Kennedy sehen wir der Reihe nach in die 193 Straßen, die streets. Sie verlaufen auch parallel und rechtwinklig zu den Avenues. Wegen der tollen Sicht hebt sich der Central Park nicht einfach dunkel ab, sondern man kann die feinen Lichterketten seiner Wege sehen.

Schon sind wir über den Stadtteil Brooklyn hinweg und fliegen entlang der Atlantikseite von Long Island, einer 175 Kilometer langen Insel, die an ihrem Westende als Stadtteil von New York beginnt und die wir bis zu ihrem Ostende überfliegen werden. 19 Minuten hinter dem J. F. Kennedy-Flughafen erreichen wir schon das Funkfeuer Marconi (»LFV«) auf der sichelförmigen Halbinsel Cape Cod, ein Ausflugsziel vor Boston im Atlantik – wo er noch Golf von Maine heißt. Und Boston strahlt zur Linken.

Etwas über 200 Seemeilen über den Golf von Maine und wir haben schon wieder Land unter uns, die Halbinsel Neuschottland, Nova Scotia. Sie ist eine Provinz Kanadas. In wenigen Minuten werden wir ihre Hauptstadt Halifax durch Überfliegen des ganz in ihrer Nähe stehenden gleichnamigen Funkfeuers streifen. Immer wenn ich Neuschottland überfliege, denke ich an einen Kollegen, der sich per Katalog im Süden von Neuschottland ein Blockhaus bestellte und in der Endphase des Aufbaus hinzukam. Sein Erstaunen über die fensterlose Hütte war nur kurz. Die Frage »Wo wollen Sie die Fenster hinhaben?« ging ins Starten der Motorsäge über. Ritschratsch und die Fenster waren drin.

Kein Flug ist wie der andere

Sorglose Gedanken bei heißen Getränken und ein ordentliches Essen halten Körper und Seele zusammen. Wohl dem, der dabei seine Arbeit schafft. Auch im Cockpit gibt es Pausen, aber nur scheinbare. Niemand ißt genüßlich seinen Teller leer, ohne zwischendurch ständig aufzuschauen. Hörbereit bleiben wir ohnehin. Jeder ist bei der Einnahme von Mahlzeiten voll einsatzbereit, die Flugzeugführer mit ihrem Tablett auf den Knien, der Flugingenieur mit seinem auf dem kleinen Tisch vor dem Schaltpult. Gemeinsames Essen gehört nicht zum Höflichkeitsrepertoire einer Cockpitbesatzung.
Nicht mit der Landung, sondern erst nach dem Aussteigen aus dem parkenden Flugzeug verlieren zwei Fragen an Bedeutung, die wir uns bis dahin immer von neuem zu stellen haben und von deren Beantwortung vieles abhängt. Die erste ist: Was muß ich als nächstes tun? Die zweite: Was könnte als nächstes zusätzlich hinzukommen? Die erste Frage bezieht sich zwar auf den normalen Flugalltag, ist aber dennoch nicht nur Routine. Kein Flug ist wie der andere. Es gibt unendlich viele mögliche Kombinationen, die immer wieder neu zu bewerten und zu beherrschen sind.
Zum Alltag gehören zum Beispiel technische Unregelmäßigkeiten, deren Bearbeitung ebenso wie andere Problemlösungen sicherheitstechnischen und wirtschaftlichen Anforderungen genügen müssen. Wie

gesagt, können die fast sechs Millionen Einzelteile praktisch niemals komplett ohne Beanstandungen sein. Der Flugingenieur führt das technische Bordbuch, in das alle Beanstandungen eingetragen werden. Dazu gehört ein Triebwerksschaden mit den dazugehörigen Messungen und Begleitumständen ebenso wie das Entnehmen des letzten Formularblocks zum Führen des bordeigenen Flugbuchs.

Sie wissen bereits, daß nicht jede technische Beanstandung für ein Flugzeug wie diesen Jumbo gleich ein Problem ist. Wenn eine Komponente ausfällt, wird ihre Aufgabe von einer anderen übernommen (siehe »*fail safe*«, S. 38). Darüber hinaus gibt es, abgesegnet von allen zuständigen Mächten dieser Welt, der tonangebenden amerikanischen Zulassungsbehörde (*Federal Aviation Administration* – FAA), dem Luftfahrtbundesamt in Braunschweig (LBA) und dem Hersteller des Flugzeugs, ein Buch, aus dem man für nahezu jeden Fehler und sogar dessen Kombination mit anderen Fehlern entnehmen kann, ob man unbedingt, bedingt oder nicht mehr fliegen darf. Diese für jeden Flugzeugtyp gesondert herausgegebene »MEL« (*minimum equipment list*) ist restriktiv gefaßt. Keiner darf sich darüber hinwegsetzen, sehr wohl kann der Kapitän aber für seinen Flug noch strenger entscheiden.

Gummispuren und fühlbare Betonplatten

Die zweite Frage spricht unser Wissen und unsere Erfahrung an. Sie setzt stilles Wiederholen von strikt Erlerntem voraus. Scheinbar muß etwas beherrscht werden, was noch nie vorgekommen ist – aber nur scheinbar, denn alles wurde vielfach geübt und regelmäßig wiederholt, zum großen Teil im Simulator. Ob wir den Stoff beherrschen, wird in regelmäßigen Abständen geprüft.

Außen nur Simulator – innen ist alles echt

Ein Simulator ist umweltfreundlich (Steckdose statt Kerosin). Er birgt auch in Extremfällen keine Gefahren und verkraftet mehr »Flug«-Stunden im Jahr als ein Flugzeug.
Wird die Grundausbildung zur Erlangung des flugzeugtypgebundenen Luftfahrerscheins für Flugzeugführer und Flugingenieure überwiegend getrennt durchgeführt, so steht am Ende der Ausbildungszeit dieser Simulator, in dem keine Arbeit ohne eine komplette Cockpit-Crew denkbar wäre. Ein Prüfkapitän und, im Dreimanncockpit, ein Prüfflugingenieur, leiten und bewerten die

Arbeit der Crew. Wenn man eine Fluglizenz hat, sind vier Simulatoreinsätze pro Jahr üblich.

Der Simulator könnte ein herrliches Spielzeug sein. Das Cockpit ist naturgetreu. Selbstverständlich gibt es für jeden Flugzeugtyp einen eigenen Simulator. Nur Originalteile dürfen verwendet werden. Die Fenster sind Fenster. Rausschauen ist möglich – wie im Flugzeug. Nun ja, das Flughafengebäude ist schlicht gehalten, aber die Wege zum Startpunkt scheinen original zu sein. Führt der Rollweg um eine Kurve, erfährt man die übliche Zentrifugalkraft. Im Hintergrund ist die nahe liegende Stadt zu sehen. Auf der Bahn, am Startpunkt stehend, sieht man voraus Gummispuren, die von den landenden Flugzeugen herrühren.

Die Beschleunigung beim Start ist deutlich zu spüren, dazu die Unebenheiten der Betonplatten. Das Abheben kommt einem auch ohne Rausschauen echt vor. Später sieht man Türme, Berge und Flüsse. In der simulierten Nacht gleiten Autoscheinwerfer über die Autobahn. Bewegt man seinen Kopf, verschiebt sich der durchs Fenster sichtbare Bildausschnitt. Die Art der synthetischen Bildpräsentation ist nicht auszumachen. Die große Projektionsfläche, deren Folie, durch Unterdruck auf der Rückseite kugelförmig gebogen, das Videobild aufnimmt, ist nicht zu erkennen.

Der in einer Halle stehende Simulator ist von außen unscheinbar. Das Cockpit wurde zusammen mit den darauf montierten Bildprojektoren, der Projektionsfläche und der rundherum gepackten Elektronik in einen vieleckigen, meist weißlackierten Blechschrank gesteckt. Zur besseren Wartung führt rund um den Schrank ein schmaler Steg mit Geländer, von dem aus man durch die einzige Tür ins Innere gelangt. Gegenüber der Tür ist im Geländer ein Gartentörchen, von dem entweder eine lange Treppe hinunter bis zum Hallenboden führt oder ein Steg gleich mit dem ersten Stock des Simulatorge-

bäudes verbunden ist. Treppe oder Steg werden nach dem Einsteigen und vor Inbetriebnahme des Simulators beiseite gefahren, denn das Gefühl von Bewegung ist nicht nur Illusion. Wie bei einem richtigen Flug hat sich die Mannschaft angeschnallt, weil Wirklichkeit und Simulator Erschütterungen kennen, die man besser auf als neben seinem Sitz erleben möchte.
Der Simulator steht auf mehreren Stelzen. Diese, ästhetisch betrachtet, viel zu dünnen, etwa drei Meter langen Beine bestehen aus Hydraulikzylindern, die sich durch Rausschieben oder Reinziehen ihrer Kolbenstange ausdehnen oder zusammenziehen. Unterschiedlich lange Zylinder lassen das Cockpit kippen.
Für das Gefühl von »Fahrt« muß ein simpler Trick angewandt werden, den die Filmregisseure der dreißiger Jahre schon kannten. Wackeln zwei Leute an einer Autokarosse und flitzt eine Leinwandlandschaft am richtigen Fenster vorbei, sieht es für den Filmbetrachter aus, als wären die Insassen in voller Fahrt. Stellte man in Blickrichtung der Insassen auch eine Leinwand auf, unterlägen sie selbst dieser Illusion. Unbeschleunigte, also gleichbleibende Fahrt wird vom Menschen nicht unmittelbar, sondern nur durch die Folgeerscheinungen wahrgenommen. Deshalb haben sich die auf dem Äquator lebenden Menschen noch nie über das rasende Tempo von 1667 Kilometern pro Stunde beschwert, mit dem sie innerhalb von 24 Stunden eine Erdumdrehung hinter sich bringen.
Nur die Änderung der Geschwindigkeit packt den menschlichen Körper und drückt ihn beispielsweise beim Start gegen die Rückenlehne seines Sitzes. Nichts einfacher als das, sagten sich die Simulateure und programmierten die Stelzen so, daß die Nase des Simulators mit zunehmender Beschleunigung nach oben zeigt und die Crew mehr von ihrer Rückenlehne spürt. Wird gebremst, zeigt die Simulatornase nach unten. Dabei glaubt man,

durch die Bildprojektion vor den Cockpitfenstern getäuscht, daß der Simulator weiterhin waagerecht steht. Bleibt noch nachzutragen, daß es mehrere, nicht sichtbare Lautsprecher gibt, die Luftströmungen und Triebwerksgeräusche simulieren.
Dies alles sind nur die äußeren Systeme. Das Herz des Apparates steht in einem wohlgehüteten Nebenraum. Hier beherrschen Computerschränke das Bild. Hat man vor Jahren noch das Verhalten eines Autopiloten mit einem speziellen Computerprogramm nachgeahmt, so benutzt man heutzutage wegen der komplexen Zusammenhänge einfach das Original.
Einfach ist die Verwendung der vielen verschiedenen »black boxes« nicht. Es fehlt letztlich das Originalflugzeug mit all seinen Meßstellen und der Möglichkeit, zum Beispiel den aus dem Autopiloten kommenden Befehl an das Querruder zu übermitteln und die Reaktion des Flugzeugs abzuwarten. Die ganze Technik eines Simulators wird erst zum Leben erweckt, wenn die Mannschaft einen der vielen Flüge in einer Vierstundenschicht absolviert. Kein Flug verläuft planmäßig: Motorausfall im kritischen Moment, Ausfall von Hydraulik und verschiedenen Stromversorgungseinrichtungen, viele wenig spektakuläre, aber entscheidende Fehler und zwischendurch einige in Kombination miteinander.

Hohe Anspannung bei der automatischen Landung

In einem Cockpit können das Stunden mit besonders hohen Belastungen sein. Der Flugingenieur liest Checklisten der verschiedensten Art. In einem Zweimanncockpit werden manche dieser unplanmäßigen Verläufe automatisiert bearbeitet, die verbleibende Arbeitsbelastung für die zwei Besatzungsmitglieder kann jedoch höher sein als im Dreimanncockpit.

Eine besonders angespannte Situation für die Crew, im Simulator wie in der Wirklichkeit, ist ein Anflug auf eine Landebahn, bei dem die Geschwindigkeit automatisch geregelt wird, der Autopilot das Flugzeug herunterführt, aufsetzt und bremst. Diese Anflüge, nach der sogenannten Kategorie III kurz »Kat-drei« genannt, erfordern präzise Landekurssender am Flughafen und im Flugzeug einen besonders hohen technischen Aufwand.

Automatische Anflüge werden durchgeführt, wenn schlechte Sicht kein manuelles Landeverfahren erlaubt. Bei unserer B747 genügt eine horizontale Mindestsicht von 200 Metern (hier mißt die Luftfahrt metrisch!). Das ist eine Strecke, die in drei Sekunden durchflogen wird. Wenn der Kapitän dann in einer Flughöhe von 20 feet (etwa 7 m!) die Landebahn sieht, darf der Autopilot landen. Andernfalls muß und kann der Kapitän noch in dieser geringen Höhe die Landung abbrechen und durchstarten.

Ein sicherer Weg bis zu diesem Punkt ist nur durch die Beobachtung einer Vielzahl von Anzeigen möglich. Je nach Flugzeugtyp sind bis zu vier Autopiloten (die B747 hat drei) gleichzeitig an den verschiedenen aufeinanderfolgenden Phasen beteiligt. Im Simulator ist es schon beinahe Tradition, daß der erste automatische Anflug wegen irgendeines Mangels abgebrochen werden muß. Abbruch heißt Durchstarten. Keiner weiß vorher, wann und warum. Keiner? Die beiden Instruktoren wissen es. Sie sprechen die Fehler miteinander ab. Sie sind es auch, die im hinteren Teil des Cockpits mit Hilfe von Bildschirmen den auf unzählige Fehler und Wetterlagen programmierbaren Simulator entsprechend vorbereiten.

Solche ungewöhnlichen Abläufe (*abnormal procedures*) sind in der Realität äußerst selten. Unregelmäßigkeiten wie einen Triebwerksausfall erleben nur wenige Piloten und Flugingenieure. Und wenn sie damit konfrontiert wären, würde der Motor ordnungsgemäß abgestellt. So etwas setzt allerdings fliegerisches Geschick, Kenntnisse der technischen Zusammenhänge und Management voraus. Alle sind beteiligt. Der Flugingenieur ist der technische Berater des Kapitäns. Der Kapitän entscheidet, wo eine eventuelle Zwischenlandung erfolgt.

Sechs Straßen sorgen für Ordnung

01:02 UTC, Flugzeit 02:46 Stunden: Zwischenzeitlich haben die Flugzeugführer bei der Genehmigungsstelle die Bestätigung für unseren Atlantiküberflug eingeholt (*oceanic clearance*). Obwohl wir auch über dem Atlantik ständig Funkkontakt haben werden, müssen vor Einflug in diese Zone aus Sicherheitsgründen nicht nur der Weg

Kein üblicher Abstand – Werksflugzeug von Boeing

und die Höhe, sondern auch die genaue Zeit des Einflugs bindend abgesprochen werden. Für den nördlichen Teil des Atlantiks gibt es zwei Genehmigungsstellen. Unsere befindet sich in der Stadt Gander, die wir in einer halben Stunde überfliegen werden, und die andere, für Flüge von Europa, ist in Shannon (Irland).

Auch der Himmel über dem weiten Ozean ist nicht endlos groß. Er muß kanalisiert werden. Wegen der Kundenwünsche ist das Ganze auch noch ein Stoßgeschäft. Pro Abend und Nacht machen sich nicht weniger als 200 Flugzeuge über den Nordatlantik nach Europa auf den Weg. Damit bei der Bewältigung der vielen Überflugwünsche relative Ruhe herrscht, denken sich Spezialisten jeden Tag sechs Flugwege (*north atlantic tracks* – NAT-*tracks*) aus, die speziell während dieses abend- und nächtlichen Stoßgeschäfts gelten. Es sind zeitlich befristete, parallel laufende Einbahnstraßen im Abstand von 60 Seemeilen (111 km), auf denen die Flugzeuge gleicher Flugfläche einen zeitlichen Mindestabstand von zehn Minuten einhalten müssen.

Da Winde sich ändern und immer der Wunsch nach wenig Gegenwind oder viel Rückenwind besteht, paßt man die Lage dieser Strecken täglich der Wetterkarte an: Sie liegen mal nördlicher, mal südlicher. Flugplaner rechnen mit jedem Knoten Wind, und sie finden dabei den kürzesten Weg. Sie fanden auch heraus, daß von den sechs angebotenen Ozeanstrecken für unseren Flug nur eine die kürzeste ist. Diese versuchten wir zu bekommen – und bekamen sie auch in der gewünschten Höhe.

01:32 UTC, Flugzeit 03:16 Stunden: Wir überfliegen die VOR Gander auf der Insel Neufundland. Sie trägt den Namen einer nahe gelegenen Stadt und ihres früher hochfrequentierten Flughafens. Dieser Flughafen war für den Transatlantikverkehr wichtig, bis die Tanks von Flugzeugen groß genug waren, daß eine Zwischenlandung nicht mehr nötig war. Genauso erging es dem Flughafen Shannon an der Westküste von Irland. Mit dem Aufkommen der modernen Jetfliegerei ging in den zollfreien Läden der traditionelle Wolldeckenverkauf an die Transitgäste jäh zu Ende.

Dort, wo das DME von Gander auf 40 Seemeilen hochgelaufen ist, liegt unter uns die dunkle Küste Neufundlands. Die Anzeige wird dann weiter zunehmen, bis der DME-Empfänger etwa 200 Seemeilen von Gander entfernt seinen Dienst beendet. Dann wird auch der bis dahin auf der Kompaßrose rückwärts gerichtete Zeiger seine Richtungskraft verlieren, was der VOR-Empfänger durch eine kleine rote Warnflagge in der Rose ankündigen wird. Eigentlich ist dies der Zeitpunkt, zu dem man schon sorglos den Navigationsempfänger auf 113,3 Megahertz eindrehen kann, die Frequenz der in etwa drei Stunden zu empfangenden VOR von Shannon.

Der komfortable und überwiegend genutzte VHF-Sprechfunk (zwischen 118 und 136 Mhz) muß wegen seiner zu geringen Reichweite durch das weite Band der geräuschvollen, aber weitreichenden Kurzwelle ersetzt werden. Während der Kopfhörer zwischen zwei VHF-Meldungen angenehm schweigt, bleiben beim technisch veralteten Prinzip des Kurzwellenempfangs alle Geräusche des Äthers erhalten. Diese unerfreulichen Begleiterscheinungen können wir zumindest zeitweise durch ein Gerät namens SELCAL *(selective calling system)* abmildern. Die Lautstärke des Empfängers kann so lange heruntergedreht bleiben, bis ein von der Bodenstelle ausgehendes akustisch verschlüsseltes Signal in unserem Flugzeug einen Gong auslöst. Das Signal ist so eine Art Telefonnummer.

Von nun an sind für den größten Teil unserer 3100 Kilometer langen Strecke über das Wasser, die etwa dreieinhalb Stunden dauern wird, die drei INS-Geräte die einzig brauchbaren Navigationsmittel. Man könnte sich zwar noch an den Sternen orientieren, aber der für die Mes-

sung notwendige Sextant ist ja mit dem Navigator von Bord gegangen und kann heute nur noch in entsprechenden Museen besichtigt werden.
Zwar kostet jede der beiden Cockpitfrontscheiben 58 000 Mark, aus dem Blickwinkel eines Sternbeobachters ist dieses Flugzeug aber nicht gerade großzügig ausgestattet. Von meinem Sitz aus habe ich nicht oft die Gelegenheit, ein Sternbild zu sehen. Im Augenblick ist meine Lage so günstig wie selten, und ich sehe den Großen Wagen sowie das Himmels-W (Cassiopeia). Während ich auch noch eine Sternschnuppe sehe und mir dabei eine weitere wünsche, schauen viele Passagiere auf die Landkarte im schon erwähnten Bordbuch und wundern sich. Der Flugweg von Amerika nach Europa ist in einer stark nach oben gebogenen Linie dargestellt. Wieso dieser Umweg? Warum nicht geradeaus?

Der Bogen als kürzester Weg

Großkreis nennen es die Aviatiker und meinen damit den kürzesten Weg zwischen zwei Punkten auf der Erdoberfläche. Auch wir fliegen ziemlich exakt auf dem Großkreis von Gander nach Shannon. Mit der Auswahl unseres gesamten Flugwegs von Atlanta nach Frankfurt versuchten wir dem Großkreis möglichst nahe zu kommen. Um ihn zu berechnen, bedarf es einer Formel, die das INS nutzt, wenn es, wie gewohnt, mit uns von einem Navigationspunkt zum anderen fliegt. Die Schwierigkeit besteht durchaus nicht im Einzeichnen eines solchen Großkreises in eine Weltkarte, sondern darin, dem Betrachter dieser krummen Linie klarzumachen, daß dies der kürzeste Weg ist.
Schuld ist Galileo Galilei! Da sich seine Behauptung, die Erde sei kugelförmig, trotz Verbotes durch den damaligen Papst bis heute zäh gehalten hat, versucht man seit-

dem, mit gewaltigen Verzerrungen, die runde Welt auf ebenes Papier zu bringen. Seit dem ersten Erdkundeunterricht schaute mich von der in meinem Klassenzimmer aufgehängten Weltkarte dieses wahnsinnig riesige weiße Grönland an. Ich glaubte, es sei wegen seiner Größe mindestens ein Kontinent. Später baute ich mir in Fummelarbeit mit Hilfe eines Bausatzes aus glänzender Pappe einen großen Globus, und schon war Grönland deutlich geschrumpft. Der Grund ist, daß die Erde sozusagen oben und unten zusammenläuft, was die plane Weltkarte nicht richtig darzustellen vermag. Ein eingezeichneter Großkreis muß deshalb fast immer krumm verlaufen.

Verbinden Sie auf einer Weltkarte mit einem Lineal Frankfurt mit Los Angeles, dann führt die gerade Linie etwa über Paris, mitten durch den Nordatlantik, vielleicht südlich an New York vorbei und quer durch die USA. Ein auf einem Globus von Frankfurt bis Los Angeles strammgezogener Bindfaden wird automatisch die kürzeste Verbindung nehmen. Er aber läßt Frankreich gänzlich aus und führt statt dessen über Holland zur Nordsee und dann über Schottland zum südlichen Grönland. Von da führt er weit über Kanada und schließlich über den nordwestlichen Teil der USA. Zeichnen Sie den Fadenweg in die Weltkarte, so entsteht der weit nach Norden gebogene kürzeste Weg von Frankfurt nach Los Angeles. Wenn Sie als Passagier wieder zu den über vier Millionen gehören, die jährlich von Deutschland in die USA fliegen, dann wissen Sie, Sie fliegen den preiswerten »Fadenweg«, nicht den teuren »Linealweg«.

Unseren jetzigen »Fadenweg« und Großkreis über den Atlantik hat unser Flugplan in gleiche Teile geteilt. In den dabei durchflogenen Breiten zwischen 50 und 53 Grad Nord sieht er im Abstand von zehn Längengraden Meßpunkte vor, die zu den üblichen Aktivitäten im

Cockpit führen. Auch hier muß immer eine entsprechende Überflugmeldung abgegeben werden.
Die Breitengrade sind die waagerechten Linien auf einer Landkarte oder einem Globus. Sie verlaufen immer in Ost-West-Richtung. Die Längengrade sind die senkrecht verlaufenden. Sie verlaufen immer in Nord-Süd-Richtung. Einem Breitengrad hat man einen Namen gegeben: Äquator. Den Breitengraden sind Winkelgrade zugeordnet. Der die Welt in Nord- und Südhalbkugel teilende Äquator hat den Grad null abbekommen. Alle anderen waagerechten, um die Erde verlaufenden Kringel werden mit zunehmendem Abstand vom Äquator aufwärts gezählt. Nach Norden wie nach Süden. Bei 90 Grad nördlicher Breite und 90 Grad südlicher Breite ist Schluß. Dort befindet sich der Nord- beziehungsweise Südpol. Hat der 89. Breitengrad nur noch einen Durchmesser von 223 Kilometern, so ist der 90. Breitengrad nur noch ein Punkt.
Anders bei den Längengraden. Sie sind immer gleich lang. Ausnahmslos alle führen über den Nord- und Südpol. Ist der Abstand von einem zum anderen Breitengrad immer gleich, so sind die Abstände von einem zum anderen Längengrad unterschiedlich. Dort, wo die Längengrade rechtwinklig den Äquator kreuzen, sind ihre Abstände am größten. An den beiden Polen, wo ja alle vorbeiführen, sind ihre Abstände null.
Auch die Längengrade sind schon vor langer Zeit mit Gradzahlen versehen worden. Bei der Entscheidung, von welchem Längengrad aus das Zählen beginnen sollte, rief der Ort Greenwich bei London »Hier!«, und fortan hatte der durch Greenwich verlaufende Längengrad die Größe null. Von ihm wird nach Westen wie nach Osten so lange aufwärts gezählt, bis sich bei 180 Grad West und 180 Grad Ost die Längengrade auf der anderen Seite der Erde treffen. Natürlich hätte man auch ganz herum bis 360 zählen können, aber vielleicht wollte nie-

mand am Ende der Welt, bei 359,9 Grad wohnen. Gleich neben Greenwich!

02:38 UTC, Flugzeit 04:22 Stunden: Wir fliegen auf 52 Grad nördliche Breite bei 40 Grad westlicher Länge zu. Rausschauen ist auch zu dieser Zeit geboten, deshalb ist die Beleuchtung im Cockpit auf die nötige Helligkeit beschränkt. Da gibt es von innen beleuchtete Instrumente, Schalter und Beschriftungen, und für den Papierkram steht jedem eine Leselampe zur Verfügung, alles zusammen wird von etwa 600 Glühlampen bewerkstelligt.

Weit voraus wird von den Flugzeugführern eine hochliegende Wolkenschicht gesichtet, die bis in unsere Flughöhe zu reichen scheint. Eine Beobachtung, die auch nachts ohne Probleme möglich ist, so daß das nur zur Abbildung von Wolken vorgesehene Radargerät bisher nicht eingeschaltet sein mußte. Ist es eingeschaltet, so können wir nicht nur in die vorausliegende Wolke, sondern auch durch sie hindurch sehen. Außerdem gibt das über 500 Kilometer weit reichende Radargerät Auskunft über die Art der Wolken. Interessant ist nicht nur ihre Größe und Lage, sondern auch ihr Innenleben. In dieser Hinsicht sind Gewitterwolken besonders wenig beliebte Gebilde. Ihren direkten Durchflug vermeidet man. Er würde dem Passagier enorme Turbulenzen zumuten, und im Cockpit gäbe es viel zu tun.

Eine Gewitterwolke kommt selten allein. Es können mehrere sein, manchmal eingebettet in andere Wolken. Um die Frage zu beantworten, ob, und wenn ja, auf welcher Seite sowie in welchem Abstand solche Störenfriede umflogen werden sollen, müssen die Flugzeugführer manchmal all ihre Kenntnisse aus Praxis und Ausbildung mobilisieren. Wegen der Komplexität so einer Situation hat noch niemand daran gedacht, hier zu automatisieren.

Meine beiden Vordermänner beschließen, den Kurs beizubehalten und die »Anschnallzeichen« nicht einzu-

schalten. Nur leicht wackelig geht es dann auch hindurch. Da aber die Gefahr einer Triebwerksvereisung besteht, schalte ich vorsorglich den Vereisungsschutz für alle vier Triebwerke ein. 250 Grad Celsius warme Luft aus dem jeweiligen Motor wird hinter das Blech des wohlgeformten Lufteinlasses geleitet. Bei größerer Vereisungsgefahr können auf diese Weise auch die Tragflächenvorderkanten gewärmt werden.
Wenn Sie selber einmal Turbulenzen erleben, dann versuchen Sie, gelassen zu sein: Außer Gewitterwolken gibt es kaum Wettersituationen, die zu kräftiger Turbulenz führen können. Zu der Wackelei kommt es nicht, weil die Crew nicht aufmerksam war, ganz im Gegenteil: Jetzt herrscht große Betriebsamkeit im Cockpit. Zur ruhigeren Flugzeugführung nimmt in einer solchen Phase der Flugzeugführer den Autopiloten sozusagen an die Hand. Da die Triebwerke nun mal draußen bleiben müssen, hat der Flugingenieur sie durch verschiedene Schaltungen so beeinflußt, daß sie mit den Unbilden der Natur, wie Durchschütteln, schwerem Regen oder Hagel, besser fertig werden.

Alles in einer Hand?

Alles geht einmal vorbei, auf Wackeln folgt wieder Ruhe, aber die ungewohnte Einlage hat den Passagieren wahrscheinlich zugesetzt. Sie konnten und wollten nicht glauben, daß keine Gefahr bestand. Vielleicht haben aber auch langjährige Aufklärung und Beruhigung durch das Flugpersonal gewirkt, und sie fanden die Wackelei durchaus erträglich.
Wirtschaftsgut Nummer eins ist der Passagier. Marketing ist keine Erfindung aus der Fliegerei, aber wie gut das »Produkt« angenommen wird, hängt von den Beschäftigten ab: vom Akquisiteur bis zur Betreuerin der Behin-

derten, vom Flightmanager, der die Bodenmannschaft betreut, vom Purser als Chef des Kabinenpersonals und dann vom Kapitän, der Kommandant im Flugzeug ist. Man könnte sie in zwei Gruppen einteilen, in die Sichtbaren und in die Unsichtbaren.
Die Sichtbaren sind zuerst die freundlichen Damen und Herren, die viel mehr tun, als die Gäste in Raucher und Nichtraucher aufzuteilen. Danach sorgen Flugbegleiter dafür, daß die Passagiere mit den überaus wichtigen Nebensächlichkeiten einer Reise versorgt werden.
Von den Unsichtbaren gibt es unglaublich viele – und den Kapitän. In den Medien ist es »der Pilot«, wenn das Flugzeug lädiert gelandet ist. Das ist gut so, eventuelle Ängste lassen sich besser verarbeiten, wenn man glaubt, alle Aspekte zusammengefaßt zu haben, zusammengefaßt in einer Person, die allein das Ruder in der Hand hat. Es ist die Person, deren Stimme bei der Ansage aus dem Cockpit so ein Gefühl von Ruhe und Sicherheit vermittelt.
Doch auch wenn man die einschlägigen Publikationen liest, kann der Eindruck entstehen, daß allein der Kapitän über das Schicksal von Passagieren, Besatzung und Maschine entscheidet – eine Auffassung, die nicht ganz unerwünscht zu sein scheint. Der Copilot wird nur selten erwähnt, von seiner Qualifikation als vollwertiger Flugzeugführer ganz zu schweigen. Der Flugingenieur kommt gar nicht vor. Im Bordbuch dieser Gesellschaft, dem Informationsheft in der Rückentasche der Passagiersitze, konnte man kürzlich einen Flugingenieur bei seinem »Outside Check« (Außenüberprüfung) sehen. Die Bildunterschrift: ... während der Copilot seinen Outside Check macht. Ingenieure unter den Lesern lehnen sich zurück und wissen, daß ihre Arbeit schon immer nur im Stillen zum Erfolg führte.
03:23 UTC, Flugzeug 05:07 Stunden: Im Oberdeck und im 55 Meter langen Hauptdeck scheint nur noch schwaches

Licht. Während die meisten der 386 Passagiere schlafen und nur noch wenige Leselampen auf Papiere oder Fernsehschirme scheinen, überfliegen wir den 30. Längengrad. Routine am Checkpunkt. Die aktuelle Windstärke mit Windrichtung wird wie bei den anderen Überwasserpunkten »zu Boden gegeben«. Nicht nur Satelliten machen Wetteraufzeichnungen. Erst die Angaben der Flugzeuge, die dieses Gebiet vorher überflogen haben, verfeinern die Flugwetterdaten, aus deren Stoff auch unser Flugplan entstand. Seine Genauigkeit zeigt unsere Flugzeit bis 30 Grad West: Geflogen sind wir 05:07 Stunden, der Plan hatte 05:05 Stunden vorgesehen.
Wir hatten gegenüber dem Plan einen Mehrverbrauch von 300 Kilogramm. Das ist eine Abweichung von unter 0,5 Prozent. Die Restkraftstoffmenge betrug bei 30 Grad West 49,9 Tonnen, und im Augenblick verbraucht jedes Triebwerk nahezu einen Liter Kraftstoff pro Sekunde. Damit fließt in jedes Triebwerk mehr Kraftstoff als beim Auftanken eines Autos durch den Schlauch an der Tankstelle. Das scheint viel zu sein. Doch das gesamte Flugzeug verbraucht zur Zeit mit seinen vier Triebwerken 1650 Liter pro 100 Kilometer. Berücksichtigt man, daß auf diesem Flug nicht nur 386 Passagiere mit ihren Koffern, sondern auch 33 Tonnen Fracht die Kontinente wechseln, errechnet sich aus dem Gesamtverbrauch, daß jeder Passagier 2,4 Liter pro 100 Kilometer verbraucht. Verglichen mit dem Kraftstoffverbrauch von Autos ein beachtlich niedriger Wert.
Einer der sieben Tanks ist bereits leer. Zur Landung werden nur noch vier in den Tragflächen befindliche Tanks mit jeweils gleichen Mengen gefüllt sein. Jeder Motor hat dann pflichtgemäß seinen eigenen Tank. Bis zum Verlassen unserer Reiseflughöhe und dem Abstieg zur Landung bleiben noch zwei weitere, jeweils 1600 Kilogramm fassende Tanks gefüllt. Sie befinden sich weit außen an den Tragflächenenden und führen so zu einer

besseren Gewichtsverteilung und damit zu einer geringeren Belastung der Tragfläche.

Suck – Squeeze – Bang – Blow!

88 000 Liter Petroleum sind seit Atlanta verbraucht. Das ist noch nicht die Hälfte unserer ursprünglich getankten Menge. Diese Flüssigkeit teilten sich die vier Triebwerke ziemlich gleichmäßig. Sie revanchierten sich mit stetem Brummen, ein Zeichen ihres emsig arbeitenden Innenlebens. Die Erläuterung ihrer prinzipiellen Funktionsweise (s. S. 78) bedarf hier einer Ergänzung.
Suck – Squeeze – Bang – Blow! Eine Erklärung, wie sie die Amerikaner lieben. Auf das Wesentliche reduziert, nennt sie in logischer Reihenfolge alle wichtigen Stationen im Triebwerk. So, wie es von der Luft durchströmt wird: (Luft) einsaugen – zusammendrücken – erhitzen – hinausblasen. Der bereits erwähnte Luftballon macht nur »Blow«. Dafür muß in ihm allerdings Druck vorhanden sein, den er nicht durch Luft bekommt, die sich bei ihrer Erwärmung ausdehnt, sondern von der elastischen Gummihülle, die ihren Inhalt so lange unter Druck setzt, bis er verschwunden ist.
Ein Blick aus größerer und damit ungefährlicher Entfernung von vorn in eines unserer großen Triebwerke zeigt ein großes drehendes Gebläserad (*fan*) von 2,3 Metern Durchmesser. Dieser Fan wird angetrieben und saugt (*suck!*) mit seinen vielen Propellerschaufeln Luft von vorn ein. Der größte Teil dieser Luft strömt gleich danach, stark beschleunigt, an der Rückseite wieder ins Freie. Das ist möglich, weil der dahinter befindliche eigentliche Motor im Durchmesser kleiner ist als der große Fan vorn. Die Fanluft, die auf diese Weise nahezu ungehindert rundum am Motor vorbeiblasen kann, hat beim Start des Flugzeugs den größten Schubanteil.

Bei unserem Triebwerk von der Firma General Electric bleiben 80 Prozent der eingesaugten Luft Fanluft. Nur der kleinere, weiter in der Mitte eingesaugte Teil durchläuft den eigentlichen Motor. Der Fan ist nichts anderes als eine Art aufwendigerer Propeller an einem einmotorigen Sportflugzeug, nur viel gewaltiger und effektiver. Dazu nehmen, bei vergleichsweise gleichem Triebwerksschub, der Kraftstoffverbrauch, der Lärm und die schädlichen Abgase eines Strahltriebwerks mit zunehmender Größe des Fans ab.

Schub läßt sich auf zweierlei Arten steigern. Zum einen durch mehr Luftdurchsatz, also durch die Steigerung der hinten rausgeblasenen Luftmenge, und zum anderen durch eine höhere Luftaustrittsgeschwindigkeit. Der Fan hat zwar einen hohen Luftdurchsatz, aber eine relativ geringe Luftaustrittsgeschwindigkeit. Kein Hindernis beim Start, aber wie steht es mit dem Schub, wenn die Fluggeschwindigkeit die Fanluftgeschwindigkeit erreicht? Dann ist der Schub null! Das heißt, daß der anfänglich so erfolgreiche Fan im Reiseflug zu den weniger nützlichen Dingen zählt.

Der noch zu beschreibende Antriebsmotor des Fans, das eigentliche Strahltriebwerk, läßt an seiner Austrittsdüse zwar weniger Luft als der Fan heraus, dafür bläst die Luft aber mit wesentlich höherer Geschwindigkeit. Sie ist viel höher als die Reisegeschwindigkeit und deshalb im Reiseflug noch einsetzbar.

Viel höher? Die maximal zulässige Fluggeschwindigkeit bei unserer B747 ist doch Mach 0,92, also 92 Prozent der Schallgeschwindigkeit. Wegen physikalischer Grundhemmnisse läßt eine normale Düse Austrittsgeschwindigkeiten oberhalb der Schallgeschwindigkeit nicht zu. Die Schallgeschwindigkeit am Boden liegt unter Normalbedingungen bei 340 Metern pro Sekunde (1224 km/h). Da sie aber mit zunehmender Temperatur steigt, kann sich die Schubdüse bei Maximalschub ihre hohe

Suck – Squeeze – Bang – Blow beginnt mit einem
Durchmesser von 2,3 Metern (Boeing 747)

Austrittsgeschwindigkeit von 635 Metern pro Sekunde leisten. Bei der dabei herrschenden Abgastemperatur von 575 Grad Celsius wird demzufolge die Schallgeschwindigkeit noch nicht erreicht.

Die vom Fan in seiner Mitte eingesaugte Luft wird im nachfolgenden Kompressor des Motors stufenweise zusammengedrückt (*squeeze!*). Die einzelnen Kompressorstufen sind zwar kleiner als das Schaufelrad des Fans, sehen ihm aber sehr ähnlich. Weil Luft in dem Maße, wie man sie zusammendrückt, weniger Platz benötigt, werden die Schaufelräder des Kompressors von Stufe zu Stufe kleiner, bis sie bei der vierzehnten und letzten Stufe dieses großen Triebwerks nur noch streichholzlang sind. Strengt sich der Motor an, ist sein Druck am Kompressorauslaß auf das 30fache (30 bar) angestiegen. Da die zusammengedrückte Luft sich sofort erwärmt, entstehen hier Lufttemperaturen von bis zu 580 Grad Celsius.

Bevor wir den Weg der Luft weiterverfolgen, einige kurze Informationen zur Druckversorgung und Klimatisierung der Flugzeugkabine. Die Konstrukteure entwickelten eine Möglichkeit, Triebwerkseinläufe und Tragflächenvorderkanten vom Eisansatz frei zu halten. Dafür benötigen sie warme Luft. Abhängig vom eingestellten Triebwerksschub und je nach Verwendungszweck kann diese Luft aus verschiedenen Kompressorstufen entnommen werden. Auch das anschließende Mischen ist möglich, wodurch andere Temperaturen oder Drücke eingestellt werden können.

Noch in der Triebwerksaufhängung wird die aus dem Kompressor entnommene Luft für die Kabine in einem Wärmeaustauscher einer ersten Abkühlung unterzogen. Zusammen mit der Luft aus den anderen Motoren gelangt sie im Flugzeugrumpf in ein Labyrinth von Rohren, das wir auch Schlangengrube nennen. Hier sind drei getrennte Klimaanlagen eingebaut, die ihrem Namen gerecht werden, weil sie nicht nur heizen, sondern auch kühlen können. Doch zunächst zurück zum Motor.

Die komprimierte Luft tritt in die Brennkammer ein, die keineswegs ein einfacher zylindrischer Raum mit dicken Wänden ist. Ihre Formenvielfalt ist groß, aber immer ist es dünnes, sich durch selbstgeschaffene kalte Luftschleier gegen die hohen Temperaturen schützendes Blech.

Noch vor der Komprimierung der Luft wurde der Kraftstoff, aus welchem Tank auch immer, mittels Pumpen auf den Weg gebracht. Sie sitzen direkt in den Tanks und führen die Flüssigkeit über ein Verteilernetz zu den Motoren, die man in Anlehnung an die Bezeichnung von Verbrennungsmotoren auch Einspritzer nennen könnte. Bevor es zum Einspritzen kommt, durchläuft der Sprit noch Ventile, einen Filter und zwei Pumpen, kühlt in einem Wärmeaustauscher das Schmieröl der Triebwerkslager und landet dann in der eigentlichen Regelanlage, die eine Fabrik für sich ist. Viele Meßinformationen gehen hinein, und viele Befehle kommen heraus.

Zur Vervollständigung sei noch ein Bauteil erwähnt. Hinter jeder einzelnen Kompressor- und auch hinter jeder Turbinenstufe ist jeweils eine zusätzliche Stufe eingebaut. Sie dreht sich aber nicht mit, sondern macht den unerwünschten Drall rückgängig, den die Luft beim Passieren einer drehenden Kompressor- oder Turbinenstufe bekommt. Ihre Schaufeln lassen sich teilweise verdrehen, und deren unterschiedliche Schrägstellung gegenüber der vorbeifließenden Luft macht dann die einwandfreie Strömung über einen so großen Drehzahlbereich erst möglich.

Ist erst einmal das Feuer durch Zündkerzen entfacht, verbrennt der kontinuierlich eingespritzte Kraftstoff mit Hilfe der in die Brennkammer strömenden Luft (*bang*!). Die dabei großräumig auftretenden Temperaturen von 1400 Grad Celsius, die im Bereich der Einspritzdüse auch

2100 Grad Celsius erreichen können, sind nur das Mittel zum Zweck. Durch diese Erwärmung dehnt sich nämlich die gesamte vom Kompressor angelieferte Luft aus und strömt nach hinten durch die nachfolgende Turbine. Die gleicht ein wenig dem Kompressor, drückt die durchströmende Luft aber nicht zusammen, sondern wird von ihr angetrieben. Diese Turbine treibt nun ihrerseits den vorn auf ihrer langen Welle befindlichen Kompressor und den ganz vorn sitzenden Fan an. Bei dieser Prozedur hat die Luft natürlich an Druck und Temperatur verloren. Es reicht aber noch zu dem eigentlich schubbringenden, kräftigen Rausblasen (*blow*!). Genug, um in vierfacher Ausführung unserem Flugzeug eine maximal zulässige Flughöhe von 45 100 feet (13 700 m) zu erlauben.

Für die ganz Genauen: Es gibt Ein-, Zwei- und Dreiwellentriebwerke. Unser Triebwerk ist ein Zweiwellentriebwerk. Durch eine kürzere Hohlwelle ist eine andere, längere Welle so weit hindurchgesteckt, daß sie an beiden Enden herausschaut. Der Kompressor ist an einer Seite teils auf der einen, teils auf der anderen Welle befestigt. Auf der anderen Seite wiederum ist die Turbine auf der einen wie auf der anderen Welle verteilt angebracht. Ergebnis: besserer Wirkungsgrad, weil so unterschiedliche Drehzahlen innerhalb des Kompressors und der Turbine möglich sind.

Die maximalen Drehzahlen unserer je 4,5 Tonnen schweren Triebwerke Typ General Electric CF6-50 E2 sind 4100 Umdrehungen pro Minute für die Fanwelle mit einem Durchmesser von 2,3 Metern und 10 800 Umdrehungen pro Minute für die zweite Welle mit den kleineren, inneren Kompressor- und Turbinenrädern. Sechs Millionen Mark kostet ein Triebwerk, 60 000 seine Schrauben.

Hier die Erklärung zum schon erwähnten geringen Schwefelgehalt im Kraftstoff: Kein brauchbares Material hält den Brennkammertemperaturen ausreichend lange

stand. Deshalb überzieht man die Schaufeln der ersten, besonders betroffenen Turbinenstufe mit Schleierluft. Dazu wird Kompressorluft in die hohlen Schaufeln geleitet, die durch winzige auf der Oberfläche verteilte Löcher hinausströmt. Sie legt sich als Isolierung zwischen das Material und die heißen Verbrennungsgase. Weil aber Schwefel diese Löcher gern mit Ablagerungen zustopft, wird der Kraftstoff wohlüberlegt sehr schwefelarm gehalten.
Zum regelmäßigen Starten der ganzen Maschinerie ist eine kleine Turbine unter dem Triebwerk angebaut. Sie wird von Preßluft angetrieben, die ein Bodenaggregat, die Hilfgasturbine APU oder auch ein bereits laufender Motor bereitstellt. Ausreichend ist, daß die Turbine nur eine der zwei oder drei vorhandenen Wellen antreibt, ehe Kraftstoff eingespritzt und dieser gezündet wird.

Wir entscheiden, nicht die Triebwerke

Der Kraftstoff verbrennt, und so entläßt der Motor aus seiner Schubdüse noch andere Gase als die, die er eingesaugt hat. Das auffälligste Ergebnis in größeren Höhen ist der Kondensstreifen. Er besteht aus zu Eiskristallen erstarrtem Wasserdampf, der sich bei der Verbrennung des Kraftstoffs bildet. Früher oder leider auch später verschwindet er durch Trocknen. Was noch bleibt, ist praktisch unsichtbar. Es sind die festen Bestandteile der Verbrennungsgase. Weltweit sind 11 400 Düsenverkehrsflugzeuge im Einsatz. Sie führen täglich etwa 7000 Flüge durch. Steigt eines davon noch mit kräftig rauchenden Triebwerken auf, so ist das ein seltenes Ereignis. Renommierte Gesellschaften haben schon in den 70er Jahren mit Hilfe neuer Brennkammern den Ruß beinahe vollständig reduziert.
Der Ruß ging, die Diskussion blieb. Bei modernen Trieb-

werken sind die schädlichen Emissionen drastisch reduziert, und ihr Anteil am Weltölverbrauch aller Transportmittel ist sehr gering. Ihr Ausstoß an unverbrannten Kohlenwasserstoffen soll noch günstiger und der der Stickoxide enorm niedrig sein. Die entsprechenden Kilogramm- und Prozentwerte imponieren. Den größten Anteil am Gasausstoß der Triebwerke hat das Kohlendioxid. Es entsteht unweigerlich bei praktisch jeder Verbrennung und wird sogar von uns ausgeatmet. Es trägt für den Bereich der Luftfahrt am meisten zum Treibhauseffekt bei. Diese Veränderung findet vornehmlich in der oberen Troposphäre und der gleich darüberliegenden unteren Stratosphäre, den üblichen Flughöhen der Langstreckenflugzeuge, statt. Auch wenn der Anteil der Luftfahrt in Deutschland nur wenige Prozent des gesamten Kohlendioxidausstoßes ausmacht, führt auch er langfristig zur meßbaren Erwärmung der Erde.

Dieser vieldiskutierte Treibhauseffekt funktioniert so: Pünktlich acht Minuten nach Verlassen der Sonne treffen die auf uns gerichteten Sonnenstrahlen ein. Das aus den vielen Regenbogenfarben bestehende sichtbare Licht konnte ziemlich unbehelligt durch die Atmosphäre dringen und unseren Erdboden sowie zum Beispiel die vielen Autodächer erwärmen. Diese Wärme wird nun durch Aussendung von Wärmestrahlen nach oben wieder abgegeben. Gelingt es den Wärmestrahlen, die auch Infrarotstrahlen genannt werden, durch die Atmosphäre zu dringen, sind sie für uns endgültig verschwunden. Kein Treibhauseffekt! Treffen sie aber auf Ozon, ein Molekül, das von vielen Verursachern, möglicherweise von einem Triebwerk, aus drei Sauerstoffatomen zusammengeklebt wurde, so ist hier ihre Reise zu Ende. Sie werden zurückgehalten wie durch die Glasscheibe eines Treibhauses.

Bewegt man sich auf der Frequenzskala der elektromagnetischen Wellen zu immer kürzeren Frequenzen und noch weit über die Satellitenschüsselwerte hinaus, gelangt man zu den fühlbaren Infrarotstrahlen und gleich danach zu der Rotstrahlung, dem roten Licht. Das rote Licht ist die erste der sichtbaren Frequenzen. Nach dem Rot folgen mit noch kürzerer Frequenz erst das Gelb, dann das Grün und am Ende der Sehfähigkeit unserer Augen das Blau. Gleich hinter dem Blau folgt die unsichtbare, oft unerwünschte ultraviolette Strahlung. Diese wird ebenfalls reichlich von der Sonne an uns abgegeben. Sie wird aber glücklicherweise bis auf einen annähernd gesunden Anteil in einer dünnen Schicht der Stratosphäre absorbiert, also zurückgehalten. Dieser nützliche Ozonfilm befindet sich oberhalb der treibhauseffektbildenden Ozonschicht.

Der ohnehin geringe Anteil der Luftfahrt am Treibhauseffekt läßt sich auf zweierlei Weise reduzieren. Doch während wir den einen passiv einfordern, vergessen wir oft den anderen, der allein von unserer Einsicht und unserem Willen abhängt. Denn schließlich sind wir es als Benutzer, die entscheiden, wieviel Abgase entstehen, nicht die Triebwerke.

Noch gilt aber erstens: Der Geldbeutel bestimmt unser Freizeitverhalten und damit die Entfernung zum Urlaubsziel, nicht der Umweltschutz. Reisen werden nach Zielgebiet und nicht nach Reiseanlaß ausgesucht. Zweitens: Die heutige Kommunikationstechnik wäre in der Lage, die beste Konferenzschaltung mit klarster Kunstkopfstereophonie und feinster Bildqualität über Kontinente hinweg vorzunehmen. Mit ihr könnte nicht nur die Inhaltsebene der Worte, sondern auch die so sehr geschätzte Beziehungsebene übertragen werden. Drittens: Ausgereifte Äpfel gibt es vom Alten Land bei Hamburg bis zum Bodensee. Solche Früchte verbrauchen für ihren Transport nicht das Zweieinhalbfache ihres Volumens an Kerosin.

Der Verzicht spart, der bewußte Umgang auch

Durch diese drei Beispiele wird unser Einfluß deutlich. Doch ein Flugverzicht muß nicht automatisch eine ökologische Einsparung mit sich bringen. Denn wie sieht die Alternative aus bei einem Verbrauch von weniger als drei Litern pro Flugzeugpassagier und 100 Kilometer? Weitgehend unbekannt ist ein anderes Sparpotential. Für lange Flüge (*nonstop*) wird mehr Kraftstoff verbraucht als für dieselbe Strecke mit einer Zwischenlandung, weil der Kraftstoff für den gesamten Flug von Anfang an mitgenommen werden muß. Eine Zwischenlandung (Direktflug!) würde aber bei einem langen Flug die gesamte Reisezeit von Haus zu Haus nur um etwa sieben Prozent verlängern.

Wäre unsere 08:24 Stunden dauernde Nonstop-Reise von Atlanta nach Frankfurt mit einer Zwischenlandung in Gander geplant, hätten wir insgesamt »nur« 4400 Liter gespart. Der Grund liegt im Flugzeuggewicht. Je höher es ist, um so höher ist der Kraftstoffverbrauch pro Stunde. Wären wir planmäßig nur von Atlanta bis Gander geflogen, hätten wir den nötigen Kraftstoff für die Strecke von Gander bis Frankfurt erst in Gander getankt. Unser Abfluggewicht in Atlanta wäre um 55 Tonnen geringer gewesen.

Angenommen, ein 14 Stunden dauernder Flug mit einer Boeing 747 würde planmäßig in der Mitte unterbrochen. Die Einsparung gegenüber dem Nonstop-Flug wäre beinahe 25 000 Liter. Ein gewaltiges Sparpotential für eine nur eineinhalb Stunden längere Reise. Diese Menge reicht aus, um ein deutsches Standardeinfamilienhaus fünf Jahre lang zu heizen. Wer von den über zehn Millionen Deutschen, die jährlich mindestens einmal ein Flugzeug besteigen, denkt beim Anblick ganzseitiger Zeitungsanzeigen, in denen Fluggesellschaften für Nonstop-Flüge werben, schon an solche Spareffekte.

Daß es so eine kraftstoffsparende Zwischenlandung nicht zum Nulltarif gibt, soll nicht unerwähnt bleiben. Umweltschutz fordert auch hier seinen Preis. Es gibt Flughäfen, die allein für die Landung eine Gebühr von 15 000 Mark erheben. Obwohl diese und andere Nebenkosten erheblich sein können, müssen die Gesamtkosten nicht in jedem Fall höher sein. Bei einer solchen in jedem Fall ökologisch sinnvollen Zwischenlandung wird man aber mit der Möglichkeit belohnt, seinen Körper schon wesentlich früher durch einen Spaziergang durch zollfreie Flughafengeschäfte wieder in Bewegung zu bringen. Zumindest für den sich nicht hetzenden Urlauber eine vielleicht willkommene Abwechslung.
Nicht der Verzicht allein spart Kraftstoff, sondern auch der bewußte Verbrauch. Sicherlich wäre es zu pingelig, wenn Männer nur noch im Einreiher fliegen würden, weil jeder Knopf ein Mehrgewicht bedeutet. Es gibt größere und bessere Sparmöglichkeiten.
Eine davon ist das Wasser an Bord. Wie beim Kraftstoff sollte man den Wassertank nicht einfach bis oben hin volltanken, sondern die Menge der Flugdauer und der Anzahl der Passagiere anpassen. So ließen sich ohne Einschränkungen irgendwelcher Art pro Flugzeug und Jahr viele zehntausend Mark an Kraftstoff einsparen.
In dieser Hinsicht scheint unser Flug allerdings eine Ausnahme zu sein. Ich beobachte, daß das Instrument für den Wasservorrat weniger Wasser anzeigt als für den Verlauf des Fluges üblich. Kein Spargedanke, sondern die Begrenztheit der verfügbaren Wassermenge zwingt zum Handeln. Auf meine Bitte an den Purser, die 14 an Bord befindlichen Toiletten überprüfen zu lassen, erfahre ich kurz darauf, daß der Wasserhahn in einer Toilettenkabine klemmt und deshalb ständig Wasser läuft. Ich sperre also ein Zulaufventil zu diesem Wasserhahn ab, und der Purser setzt diese Toilette außer Betrieb. Zum Händewaschen wie für die in Kürze beginnende Früh-

stückskaffeezubereitung bleibt bis Frankfurt genügend Wasser. Je nach Flugzeugtyp wird zum Spülen der Toiletten ebenfalls von diesem Wasservorrat gezapft. Egal, welches Verfahren, die alte Deutsche-Bundesbahn-Technik »Ab auf die Gleise!« gab es in Flugzeugen nie, obwohl bekanntgewordene Vorfälle von »blauem Eis« (*blue ice*) das vermuten lassen. Der technische Hintergrund ist aber ein anderer:

Das Abwasser des Waschbeckens wird zwar ins Freie geleitet, doch die Toilettenflüssigkeit wird in Tanks gesammelt. Am Boden wird sie später über ein Ablaßventil in ein entsprechendes Gefährt geleitet. Falls dieses Ablaßventil undicht ist, ein sehr seltener Fall, kann die durch Chemikalienzusatz meist blau gefärbte Flüssigkeit austreten. Im Reiseflug würde sie an ihrer Austropfstelle zunächst festfrieren. Und wenn der so gebildete Eisklumpen die nötige Größe erreicht hat, kann seine Haftkraft am Flugzeugrumpf dem Druck des Fahrtwinds nicht mehr standhalten, und er fällt ab. Fällt er schneller, als er auftauen kann, wird er vielleicht irgendwo als »blue ice« gefunden und bestaunt werden.

Vom Schlaf zum Frühstück

04:30 UTC, Flugzeit 06:14 Stunden. Kurz bevor wir in den 200 Seemeilen weit reichenden Empfangsbereich des Senders Shannon kommen, werden in der Kabine die großen Lichter eingeschaltet. Viele, die bis dahin geschlafen haben, richten sich auf. Manche heben leicht blinzelnd den Blick von ihrem an der Armlehne befestigten kleinen Fernseher. Andere lassen die Luft aus ihrem aufblasbaren Nackenkissen oder erheben ihr Haupt, das tief im Kopfkissen auf dem heruntergeklappten Tisch ruhen konnte. Überall beginnt man sich zu rekeln. Die Flugbegleiter bringen je nach Klasse unterschiedliches Frühstück und tischen bei der großen deutschen Kranichlinie neben anderen Köstlichkeiten pro Jahr allein neun Tonnen Kaviar auf. Eine feine Sache für den Gast, denn er muß dafür nicht einmal aufstehen. Nur die Rückenlehne muß man zum bequemeren Sitzen etwas senkrechter stellen.

In den engen Küchen herrscht Hochbetrieb. Es bedarf einer ausgeklügelten Logistik, um in möglichst kurzer Zeit in einer einzelnen Küche bis zu 170 teilfertige Tabletts mit warmem Essen, knusprigen Brötchen und heißem Kaffee zu versehen. Und da so ein Frühstück zwangsläufig nichtwiederverwertbare Reste verschiedener Art produziert, muß auch Platz für den Abfall vorhanden sein. Dafür gibt es, wenn auch selten, eine unscheinbar aussehende, aber hochtechnische Abfallpresse an Bord. Die Bedienungsanleitung für die Flugbegleiter lautet so: »Das untere Teil nimmt vorn die Haupttür mit der eingebauten Abfalltür auf. Hinter der Haupttür liegen die Verdichtungs- und die Lagerkammer. Beide Kammern sind durch eine Mitteltür getrennt. Die Mitteltür dient als Gegenlager der hinteren Wand des Kartons während des Verdichtungsvorganges. Ist der erste Karton mit kompaktiertem Abfall gefüllt, wird dieser mit dem Fuß bei gleichzeitigem Entriegeln der Mitteltür nach hinten in die Lagerkammer geschoben. Die Mitteltür wird danach von dem Karton in der Lagerkammer offen gehalten. Die Vorderwand des gefüllten Kartons übernimmt jetzt die Funktion der Mitteltür als Gegenlager für die hintere Wand eines neuen leeren Kartons in der Verdichtungskammer.« – Im Cockpit gibt es wirklich komplizomplizierte Verfahren, aber deren Beschreibung ist allemal einfacher.

Draußen ist, der Jahreszeit entsprechend, noch finstere Nacht. In den Sommermonaten hätten wir den Sonnenaufgang bereits hinter uns. Für Cockpitbesatzungen ist dieses Schauspiel leider alles andere als angenehm, wenn ihnen die Sonne, wegen des nach Osten gerichte-

Frachtflugzeug – Außenansicht (DC 8)

Frachtflugzeug – Innenansicht (DC 8)

Frachtbeladung – Besuch im Cockpit

ten Fluges, unter flachem Winkel unbarmherzig von vorn direkt in die Augen scheint. Der aufrecht sitzende normal große Passagier hat es besser, weil merkwürdigerweise alle Kabinenfenster der Welt zum Geradeausschauen zu niedrig angebracht sind.
Daß manche Flugzeuge kleinere Fenster haben, liegt nicht am Blendschutz, sondern am Sparen. Auf die Fensterscheiben wirken große Kräfte ein, und der Materialaufwand für den Rahmen steigt mit seiner Größe. Die Fenstergröße in einem Airbus A320 und A340 beträgt weniger als zwei Drittel der einer McDonnell Douglas DC10, die in dieser Hinsicht baugleich mit der modernen MD11 ist. Der Kabinendruck auf die kleinere Scheibe des Airbus beträgt im Reiseflug wegen der Druckdifferenz zwischen innen und außen imponierende 350 Kilogramm (550 kg bei der MD11). Aus Sicherheitsgründen ist vor der äußeren Scheibe eine manchmal schwer zu

erkennende zweite Scheibe angebracht. Die innen liegende dritte Kunststoffscheibe ist nur dünn und kann keinen Differenzdruck aufnehmen.

Diese innere, berührbare Scheibe dient neben der zusätzlichen Wärmeisolierung auch als Kratzschutz. Beim Hindurchschauen werden Sie sich allerdings meist fragen, ob man sie auf der richtigen Seite angebracht hat. Die äußere Scheibe scheint nämlich oft sehr verkratzt zu sein. Besonders im Gegenlicht sieht man die winzigen ungefährlichen Haarrisse. Sie sind für jede Fluggesellschaft ein großes Ärgernis. Zum einen kostet das Auswechseln der Scheiben viel Geld. Und aus Sicherheitsgründen wäre es gar nicht nötig; wenn, geschieht es nur als Dienst am Kunden. Und zum anderen, obwohl Otto Röhm das Plexiglas schon um 1930 erfand, weiß bis heute keiner genau, wer das Übel auf die Scheibe bringt und wie man es verhindern kann. Jedenfalls arbeitet man mit Hochdruck daran, das Zusammenspiel von UV-Licht, starken Temperatur- und Feuchtigkeitsunterschieden im Zusammenhang mit vagabundierenden chemischen Verbindungen der Atmosphäre zu verstehen, um dann Abhilfe schaffen zu können.

Einen Kilometer in vier Sekunden

04:43 UTC, Flugzeit 06:27 Stunden: Unsere Reise macht Fortschritte. Die angezeigte Entfernung zum Funkfeuer Shannon beträgt 140 Seemeilen und nimmt ab. Wir nähern uns Shannon. Der entsprechende Zeiger in einer der Kompaßrosen zeigt nach vorn. Allerdings nicht präzis nach vorn, obwohl wir uns auf genauem Kurs nach Shannon befinden. Der Grund ist der bekannte Vorhaltewinkel wegen Seitenwinds. Die Seitenwindkomponente des von links hinten mit 120 Knoten kommenden Windes würde uns nach rechts abtreiben, wäre die Flugzeugnase nicht zum Ausgleich, in diesem Fall zwölf Grad, nach links gedreht.

Mit einem Kilometer pro vier Sekunden bewegen wir uns auf die Westküste Irlands und den Flughafen Shannon zu. Damit fliegen wir wesentlich schneller und komfortabler als Alcock und Whitten-Brown am 14./15. Juni 1919, die es als erste Nonstop über den Atlantik bis nach Shannon schafften. Sie kamen nur an, weil der gehbehinderte Navigator Whitten-Brown von seinem offenen Sitz auf die untere Tragfläche kletterte, um Eis vom Luftansaug des linken Motors zu klopfen.

Die alten Hasen unter den Piloten und Flugingenieuren können sich noch an die früher notwendige technische Zwischenlandung in Shannon erinnern. Ihre Gedanken drehen sich dann auch um die obligatorische Flasche irischen Whiskeys, die es beim Tanken immer dazugab. Sie war so eine Art Trostpflaster, um die durch Wind, Wetter, Lärm, Vibrationen und Kälte erschwerten Bedingungen nach der Reise vergessen zu lassen. Heutzutage reist man komfortabel. Mit Hilfe des bordeigenen Radargerätes wird auch die größte Wolke umschifft. Das vorausliegende Wetter ist vor dem Abflug schon bekannt. Die noch verbleibenden Geräusche in der Kabine erlauben die Unterhaltung, ohne daß jemand mithört. Die rundlaufenden Triebwerke haben nichts gegen einen aufrecht stehenden Bleistift. Die Kabinenluft ist angenehm dank leistungsfähiger Klimaanlagen. Na ja, letzteres stimmt nicht ganz.

Zur guten Luft gehört die richtige Temperatur und neben vielem anderen auch die Luftfeuchtigkeit. Eigentlich sollte die Luft nicht so trocken sein wie im Flugzeug. Im Reiseflug liegt die relative Luftfeuchtigkeit bei etwa sechs bis 15 Prozent. Die Behaglichkeit beginnt aber erst bei ungefähr 40 Prozent. Was der Mensch dabei spürt, ist nicht die absolute Feuchtigkeit in der Luft, sondern nur die relative. Das ist ein angenehmer Unterschied.

Zur Behaglichkeit gehört genügend relative Feuchte

Die uns umgebende Luft enthält mehr oder weniger Wasser in Form von Dampf. Dieser Wasserdampf ist nicht zu sehen. Er wird erst sichtbar, wenn seine Menge so groß ist, daß die Luft diesen Wasserdampf nicht mehr aufnehmen kann. Je wärmer die Luft ist, um so mehr Wasser kann sie aufnehmen. Bei 20 Grad Celsius nimmt sie pro Kubikmeter etwa 20 Gramm Wasser auf. Bei 75 Grad Celsius paßt bereits das Zwölffache hinein. Bei beiden Temperaturen ist aber trotz der absolut unterschiedlichen Wasserdampfmengen die relative Luftfeuchtigkeit 100 Prozent. Mehr ist nicht möglich.
Spielen Sie gedanklich mit der Luft: Wird Luft abgekühlt, steigt die relative Luftfeuchtigkeit an, weil ihre maximal mögliche Aufnahmemenge immer geringer wird. Kühlt die Luft weiter ab, obwohl die relative Feuchte schon 100 Prozent erreicht hat, entstehen sichtbare feine Wassertröpfchen, die man in der Waschküche Dampf und am Himmel Wolken nennt.
Umgekehrt läuft es so: Die Luft im Winter ist kalt, aber ihre relative Feuchte liegt im Behaglichkeitsbereich. Im Haus heizen wir sie auf und senken mit zunehmender Temperatur ungewollt die relative Feuchte ab – weil sie ja erwärmt mehr Wasserdampf aufnehmen kann. Beträgt die relative Feuchte bei 20 Grad Celsius noch 60 Prozent, so hat die gleiche Luft bei 25 Grad nur noch 44 Prozent.
Im Flugzeug ist diese Aufheizung noch viel stärker. Die Luft kommt von außen mit minus 57 Grad Celsius und hat schließlich in der Kabine über 20 Grad Celsius. Dabei sinkt die relative Feuchte dramatisch und erreicht in Passagiernähe nur die erwähnten sechs bis 15 Prozent. Während der geübte Passagier zur Kompensation pro Flugstunde mindestens einen Becher Flüssigkeit zu sich nimmt und sich während seiner langen Flugreise schon

auf das feuchtigkeitsspendende Wannenbad freut, schafft die Klimaanlage unentwegt zwar nicht die allerbeste, aber die eben nötige Luft heran.

In Ruhe verarbeiten wir Menschen einen Kubikmeter Luft pro Stunde. Bei körperlicher Anstrengung brauchen wir fast das Zwölffache. Für das ungetrübte Gefühl von Freiheit und Abenteuer sollte aber die zur Verfügung stehende Luft diese jeweiligen Mindestmengen überschreiten. Ähnlich wie beim Boeing-737-Flug nach Brüssel ist es in allen Flugzeugen: Die innerhalb von drei Minuten einströmende Frischluftmenge entspricht dem Volumen der Passagierkabine. Es ist die Luft der Triebwerkskompressoren, die nach Durchlaufen der Klimaanlage möglichst zugluftarm aus einer Vielzahl von Schlitzen strömt. Die Bereitstellung der Reiseluft ist für die eingebaute Klimaanlage ein verhältnismäßig leichtes Spiel. Ihre bereits in Triebwerksnähe auf 220 Grad Celsius vorgekühlte Luft wird einfach weiter abgekühlt. Dies geschieht vornehmlich mit Hilfe des Fahrtwindes.

**Zum Kühlen am Boden
zieht die Klimaanlage alle Register**

Erst kühlere Luft als draußen zu produzieren bringt die Klimaanlage in Schwung. Da dies hauptsächlich an warmen Tagen am Boden notwendig wird, läßt sich kein Fahrtwind ausnutzen. Spätestens dann muß die Anlage alle Register ziehen, egal, ob die Triebwerke liefern oder die APU die nötige Luft bereitstellt. Hierfür besitzt die dreifach vorhandene Klimaanlage jeweils eine Turbine und einen Kompressor, die prinzipiell genauso arbeiten wie Turbine und Kompressor im Triebwerk. Ihr Zusammenspiel ist jedoch anders.
Abgesehen von den elektrischen Regelungen wird für den kompletten Vorgang des Kühlens – und des Hei-

zens – keine zusätzliche Energie benötigt. Kühlluft blasende Ventilatoren werden von der angelieferten und noch aufzubereitenden Luft selbst angetrieben. Die dafür notwendige Energie steckt in ihrem Druck, der nach dieser Energieabzweigung niedriger als vorher ist. Diese Abzweigung ist nichts anderes als das Durchströmen einer Turbine, die dabei angetrieben wird wie die Turbine im Triebwerk. Dort trieb sie den Kompressor, hier treibt sie Ventilatoren an.
Die Physik sagt: Wenn der Druck der Luft nachläßt, wie beim Durchlaufen und Antreiben der Turbine, läßt auch unumstößlich ihre Temperatur nach. Um diese Luft hinterher noch zum Heizen zu verwenden, muß sie natürlich vorher warm genug sein. Deshalb strömt in die Klimaanlage so warme Luft (220 Grad Celsius). Umgekehrt ist es, Sie erinnern sich sicher, so: Wird die Luft zusammengedrückt, reagiert sie sofort mit einer höheren Temperatur.

Einen Adelstitel für die Kühlung

Stellen Sie sich folgenden Versuch vor: Zwei Räume haben die gleiche Temperatur. In dem einen Raum wird mit einer Fahrradluftpumpe Luft eingesaugt. Dann wird der Auslaß zugehalten und der Kolben kräftig niedergedrückt (in der Klimaanlage macht das der Kompressor). Wärmetechnisch geschieht dabei folgendes: Die zusammengedrückte Luft hat eine höhere Temperatur bekommen als die eingesaugte. Wird der Kolben niedergedrückt gehalten, gibt die Luft über das Luftpumpengehäuse ihre Wärme langsam an die Umgebung ab. Die Folge ist, daß sich dadurch der Raum erwärmt.
Mit der noch immer zusammengedrückten, aber weitgehend auf Raumtemperatur abgekühlten Luft wird die Pumpe in den zweiten Raum gebracht und dort der Kol-

ben losgelassen (in der Klimaanlage macht das die Turbine). Der Druck verringert sich wieder, und die in der Pumpe verbleibende Luft wird schlagartig noch (!) kälter. Sie kühlt das Pumpengehäuse ab, das wiederum die Raumluft kühlt (ebenso die Flugzeugkabine an warmen Tagen). Jetzt wird die Pumpe abermals in den ersten Raum gebracht, der Auslaß weiterhin zugehalten und der Kolben erneut kräftig heruntergedrückt. Der Kreislauf beginnt.

Dies ist das überall wiederzufindende Prinzip. Ein Herr Linde hatte vor vielen Jahren mit dessen praktischer Umsetzung so großen Erfolg, daß er dafür vom deutschen Kaiser geadelt wurde. Und nicht nur Herrn *von* Linde zu Ehren stehen noch heute die technischen Nachfahren seiner Ammoniak-Kältemaschine als Kühlschränke in unseren Küchen. Greifen Sie hinter Ihren Kühlschrank an das Kühlgitter, dann fühlen Sie die Wärme, die in die Küche abgeleitet wird. Es ist die Wärme, die das Gerät nach dem beschriebenen Prinzip aus dem Kühlraum herauszog. Wollen Sie den Kühlschrank als Wärmepumpe einsetzen, stellen Sie ihn mit seiner offenen Tür so in eine genau passende Fensteröffnung, daß seine Öffnung nach außen zeigt. Jetzt heizt er Ihren Raum mit mehr Wärmeenergie, als er an Stromenergie benötigt. Abgesehen von der begrenzten Leistung, wird die Anlage möglicherweise optisch auf wenig Gegenliebe stoßen.

Professionelle Klimaanlagen können eleganter aussehen. Die Anlagen im Flugzeug sind nicht nur optisch unauffällig, sondern dazu auch strömungsgünstig verpackt, obwohl sie ausgesprochen große Ausmaße haben. Bei vielen Flugzeugen liegen sie unten im Rumpf. Dafür ist manchmal die Unterseite des Flugzeugrumpfs abgeflacht.

Im Luftdruck steckt Wohlbefinden

Weil die Maschinerie so aufwendig ist und weil für einen Langstreckenflug wie diesen bis zu 3000 Liter Kraftstoff nur für die Kabinenluft ausgegeben werden, möchte ich der Leistungsfähigkeit dieser Anlage beachtliche Effektivität bescheinigen. Niemals erreichen der sichtbare und der unsichtbare Luftanteil in einem Flugzeug die Werte gut besuchter Kneipen. Dennoch gibt es, wenn auch sehr selten, Kritik an dieser Luft. Der Wunsch nach mehr oder frischerer Luft wird laut; gelegentlich auch von den einzig körperlich arbeitenden Flugbegleitern, selten vom ruhig sitzenden Cockpitpersonal.
Die Gründe sind vielfältig, immer spielt aber eine Komponente, die häufig vergessen wird, eine Rolle: der abgesenkte Luftdruck in der Kabine. Unter ihm läßt die Leistungsfähigkeit von uns Menschen, je nach Kondition, mehr oder weniger nach. Deshalb sollte der von der Flughöhe abhängige Kabinendruck nur auf das nötige Maß abgesenkt werden.
Während unserer ersten Reiseflughöhe in der Flugfläche 290 (8800 m) entsprach der Kabinendruck einer Höhe von nur 850 Metern. Wir sagen dazu: »Die Kabine ist auf 2800 feet (850 m) gefahren.« Mit dem eine Stunde später erfolgten Steigen auf Flugfläche 330 (10 100 m) fuhr ich die Kabine auf 1300 Meter Höhe. Den voraussichtlich letzten Wechsel zu noch dünnerer Luft werde ich über Shannon einstellen. Dort werden wir, weil mittlerweile wieder ein Stück leichter geworden, kraftstoffsparend auf Flugfläche 370 (11 300 m) steigen. In der Kabine wird dann ein Druck erreicht werden, der einer Höhe von 1750 Metern entspricht.
05:02 UTC, Flugzeit 06:46 Stunden: Wir haben das Funkfeuer Shannon überflogen und gerade die erwartete Erlaubnis, auf die mittlerweile günstige Flugfläche 370

(11 300 m) zu steigen, bekommen. Weil dafür das erwartete Quantum Kabinendruck weichen muß, fahre ich die Kabine auf die angekündigte Höhe.
Nach 14 Minuten Irlandüberquerung haben wir auch die Irische See hinter uns gelassen und befinden uns über England. Ich kenne nur zwei Länder, die ich bei entsprechendem Wetter nachts von oben an ihrer Straßenbeleuchtung erkenne. Das eine ist England. Die Straßen erscheinen ungewöhnlich hell. Sie werden ausnahmslos von bräunlich leuchtenden Natriumdampfhochdrucklampen beleuchtet. Während sich London in eine Wolkendecke hüllt, sind die Küstenstreifen am Ärmelkanal gut auszumachen. Mit Überfliegen des an der belgischen Küste liegenden Funkfeuers KOK haben wir den 23. Kraftstoffmeßpunkt erreicht. Bis hierher haben wir nach 07:43 Stunden Flugzeit gegenüber dem Plan nur zwei Minuten länger gebraucht. Die Mengenabweichung im Verbrauch mit einem Plus von 400 von insgesamt 100 300 Kilogramm beträgt lediglich 0,4 Prozent. Diese Genauigkeit kann sich sehen lassen. Sie stellt nicht nur hohe Anforderungen an die Wettervorhersage, sie verlangt auch eine präzise Meßtechnik.
Solche Genauigkeit ist in unserem privaten Umfeld selten. Wer ermittelt schon bei seinem Auto den Kraftstoffverbrauch und hat dafür den Kilometerzähler geprüft. Es ist keine Seltenheit, daß ein Auto die angezeigten 100 000 Kilometer Fahrstrecke erst 3000 Kilometer später erreicht. Das ist ein bereits im Zusammenhang mit der Kraftstoffmessung erwähnter Fehler von drei Prozent. Hierzu gibt es im Flugzeug keine präzise Entsprechung. Im Cockpit gibt es eine vergleichbare Anzeige nicht. Ist der Flug zu Ende, lassen sich die zurückgelegten Meilen nur vom Flugplan ablesen.
Ein kurzer Blick hinunter auf Belgien: von Ostende bis zur deutschen Grenze bei Aachen eine einzige langgezogene Lichterkette von britischer Helligkeit und mit

dem gleichen bräunlichen Licht der stromsparenden Leuchten. Sie sind so hell, daß ein deutscher Astronaut sie selbst vom Weltall aus bewunderte.

»Das QNH ist 1004«

06:07 UTC, Flugzeit 07:51 Stunden: Am östlichen Horizont taucht die Dämmerung auf. Wir nähern uns dem Heimathafen. Die 114,2 Megahertz der zwischen dem Flughafen Frankfurt und der Stadt Neu-Isenburg stehenden VOR namens Frankfurt (FFM) sind bereits eingedreht. Während links querab die Lichter von Brüssel zu sehen sind, zeigt das zu Frankfurt VOR gehörige DME 186 nautische Meilen. Auf der Frequenz von 118,02 Megahertz hat der Copilot das aktuelle Wetter vom Flughafen Frankfurt abgehört und aufgeschrieben. Je nach Wetterlage kann diese Information mehr oder weniger umfangreich sein: Übergangshöhe, Wind mit Richtung und Stärke, Sichtweite, Wolkenhöhe und ihr Bedeckungsgrad, Temperatur, Taupunkt und das wichtige »QNH« sind das mindeste.
Das Kürzel QNH besteht übrigens nicht, wie man vermuten könnte, aus den Anfangsbuchstaben einer Bezeichnung, sondern entstand vielmehr in der Pionierzeit der Fliegerei aus sogenannten Q-Gruppen. Die Übergangshöhe und das QNH wurden wegen des ständig wechselnden Luftdrucks »erfunden«. Die Höhe der Flugflächen schwankt ja mit dem Luftdruck, weil die Höhenmesser dabei immer auf einen mittleren Luftdruck eingestellt bleiben. Fällt das Barometer, sinkt auch die wahre Flugflächenhöhe. Sie erinnern sich vielleicht: »Tief geht schief«, weshalb sich die Flugfläche 10 (1000 ft) für die 362 feet hohe Landebahn in Frankfurt leider nicht immer oberhalb der Erdoberfläche befinden muß.

Die mit dem Frankfurter Wetter genannte Übergangshöhe (*transition level*) von 60 besagt, daß die niedrigste Flugfläche 60 ist. Darunter heißen die Flughöhen einfach nur noch »Höhen«. Mit Durchfliegen der Flugfläche 60 werde ich pflichtgemäß beobachten, wie die Flugzeugführer ihre Höhenmesser umstellen. In einem Zahlenfenster ändern sie den Wert vom Standarddruck 1013 in den aktuellen Druck 1004. Nur so zeigen die Höhenmesser beim Landen die Bahnhöhe von 362 feet Höhe an. Diese Höhe ändert sich nicht und steht in der Landekarte.
Der Zahl 1004 hängt man als Bezeichnung für den Druck das Zeichen hpa (Hektopascal) oder etwas altmodisch mb (Millibar) an. Weil es mit der 1004 noch komplizierter wird, kommt jetzt im nächsten Satz das Wort »leider«. Leider ist der Wert von 1004 Hektopascal gar nicht der wirkliche Druck in Frankfurt, sondern ein ausgerechneter variabler Druckwert, bei dem ganz einfach der Höhenmesser im Flugzeug an diesem Tag und zu dieser Stunde zur Landung 362 feet anzeigt, nämlich die Höhe der Landebahn über dem Meeresspiegel. Kompliziert, nicht wahr? Und im Unterschied zu anderen Druckwerten gibt man dem »1004 hpa« den Namen QNH. Sprachgebrauch: »Das QNH ist 1004!«
Seit wir in die Empfangsweite von Shannon kamen, wechselten wir mit unserem Funksprechverkehr wieder von der weitreichenden Kurzwelle zur Ultrakurzwelle. Ihre Reichweite ist »quasioptisch«, das heißt: bis zum Horizont. So wechselten wir von den Bodenstationen Shannon über London nach Maastricht in den Niederlanden. Da Maastricht nur den oberen Luftraum bearbeitet, werden wir nach unserem Abstieg und dem Durchfliegen der Flugfläche 250 zu einer Flugsicherung wechseln, die den unteren Luftraum verwaltet. Sie sitzt zufällig an unserem Zielort Frankfurt. Erst nach Verlassen dieser Kontrollstelle werden wir zu einer flughafenbezogenen

Flugsicherung wechseln, die uns dann in die Reihe der anderen Flugzeuge einfädelt, die landen wollen.

06:13 UTC, Flugzeit 07:57 Stunden: Wir bekommen die Anweisung zum Sinkflug auf Flugfläche 250. 135 Seemeilen bis FRA. Obwohl sie bekannt ist, wird die fliegerische Vorgehensweise einschließlich Landung und Rollvorgang im Dreiergremium besprochen. Der das Flugzeug steuernde Flugzeugführer trägt an Hand der Anflug- und Landekarten vor, was zu berücksichtigen ist. Kurse, Frequenzen und Mindesthöhen werden nicht zum Auswendiglernen genannt. Sie dienen vielmehr einem Abgleich der eigenen Interpretation vorliegender Karten.

Bei der verfügbaren Strecke von 135 Seemeilen für den Sinkflug ist noch »ein bißchen Luft drin«. Werden die Triebwerke dabei auf Leerlauf genommen, so ist ihr Restschub von insgesamt unter 30 Kilonewton so gering, daß die Sinkrate des Flugzeugs etwa der eines mit abgestellten Triebwerken entspricht. Je mehr das Flugzeug wiegt, um so länger ist die Strecke für den Abstieg. Damit ist auch die Frage, ob ein schweres oder ein leichtes Flugzeug länger segeln kann (S. 48) beantwortet. Der Grund liegt in der höheren potentiellen Energie. Sie rechnet sich ganz einfach: Gewicht multipliziert mit der Höhe. Für das Hochbringen eines schwereren Flugzeugs wird mehr Kraftstoff verbraucht. Diesen Energietrick nutzten schon die alten Uhrmacher. Sie nahmen ein Gewicht, das über eine Kette eine Uhr antrieb und dafür Stunde um Stunde an Höhe verlor. Bevor dieses Gewicht unten im Uhrenkasten anstieß, mußte man ihm wieder potentielle Energie zukommen lassen, indem man es einfach erneut anhob.

Mit der potentiellen Energie unseres Flugzeugs von 265 Tonnen Gewicht und seiner Höhe von 11 300 Metern (FL 370) kann das Standardauto aus Wolfsburg 553 Stunden (23 Tage) mit 100 Kilometern pro Stunde fahren. Berück-

sichtigt man auch die kinetische Energie, resultierend aus unserer Fahrt von 925 Kilometern pro Stunde, fährt man mit diesem Auto zusätzliche 165 Stunden (7 Tage). Diese Energie wird nach der Landung in Frankfurt aufgezehrt sein.
06:17 UTC, Flugzeit 08:01 Stunden: Wir haben die belgisch-deutsche Grenze etwa bei Lüttich überflogen, biegen nun beim Funkfeuer Nattenheim nach links zur letzten Navigationshilfe vor Frankfurt, dem Sender Rüdesheim bei Rüdesheim am Rhein. Sinkflug nun auf die »Höhe« von 5000 feet. Der Höhenmesser wird auf QNH eingedreht.

Die Wartungstechniker übernehmen das Flugzeug

Sind wir in Frankfurt gelandet, werden wir mit diesem Flugzeug zu einer Parkposition rollen, unsere Abschlußarbeiten verrichten und die Verantwortung für das 200 Millionen Mark teure Gerät gewohnheitsmäßig in andere Hände legen. Im Ausland sind das meist die eines einzelnen Technikers. Auf der Heimatbasis Frankfurt dagegen steht in der Flugzeugwerft eine ganze Armee von Mitarbeitern der verschiedensten Fachrichtungen zur Verfügung. In beheizten Flugzeughallen gibt es für alle anfallenden Arbeiten das passende Werkzeug. Fast jedes Ersatzteil ist zu haben. Kleine Schräubchen genauso wie große Motoren.
Was mit unserem Flugzeug geschehen wird, wissen wir noch nicht. Zwar stehen uns an Bord alle notwendigen Dokumente und ein den augenblicklichen technischen Zustand des Flugzeugs sehr transparentmachendes Bordbuch zur Verfügung, die Lebenslaufakten werden aber von den Wartungstechnikern geführt. Diese bestimmen im Rahmen gesetzlicher Auflagen, welches Wartungsereignis anfällt.

Vielleicht ist die schon beschriebene, etwa alle fünf Jahre durchzuführende, fünf Wochen dauernde größtmögliche Überholung notwendig (D-check). Die einzige Maßnahme, die nicht in Frankfurt, sondern im weltweit größten firmeneigenen Standort für Flugzeuggrundüberholungen in Hamburg durchgeführt wird. Vielleicht wird dem Flugzeug neben der täglichen routinemäßigen Inspektion aber auch nur die Außenhaut gewaschen. Diese reinigen zehn Mitarbeiter in neun Stunden. Waschstraßen, in die man das Flugzeug staubig hinein- und blankgeputzt herausfahren könnte, gibt es nicht, dafür aber einen fahrbaren Flugzeugwäscher mit einem Krakenarm, der 85 Prozent der Oberfläche erreicht.

Den Autofahrer wird es vielleicht verwundern, aber in der Fliegerei ist es normal, daß Bremsen und Reifen einzeln ausgetauscht werden. Damit ein Wechsel möglichst auf der Heimatbasis und nicht unterwegs erfolgen muß, sind die Kriterien »zu Hause« strenger. Auf jede Reparatur kommt eine Kontrolle, und bei besonders sicherheitssensiblen Eingriffen in die Flugzeugsysteme gibt es noch zusätzliche Kontrollen.

Das Flugzeug ist nach der Rolltreppe, die nicht gerade eine Alternative darstellt, das sicherste Verkehrsmittel. Doch die Möglichkeiten menschlichen Versagens noch mehr zu reduzieren ist weiterhin eine große Herausforderung. Als am 23. Februar 1990 die rund eine Milliarde Mark teure europäische Trägerrakete Ariane nach ihrem Aufstieg vom Nordrand Südamerikas ungewollt wieder abstieg, lag noch ein Putzlappen in einem betriebswichtigen Rohr. Ein sehr seltener Fall wartungstechnischen Versagens.

Hören wir wirklich einmal von einem Flugzeugunglück – in der Verkehrsfliegerei werden weltweit täglich 50 000 Flugstunden absolviert –, gerät zumeist »der Pilot« in die Kritik. Selbst nach dem Zurechtrücken der Sachlage, nämlich daß im Cockpit erfahrungsgemäß mehr als eine

Person verantwortungsvoll hantiert, bleibt die Klärung von Schuld auf der Strecke, weil die Konstruktion des Flugzeugs nicht in Frage gestellt wird. Rollt ein hochmodernes Flugzeug nach der Landung auf regennasser Bahn wegen eines konstruktiv bedingten Ausfalls aller verfügbaren Bremsmittel über das Bahnende hinaus, so fällt die Schuld auf »den« Piloten, obwohl vielleicht die komplizierte Automatisation hier einem nicht bedachten Problem unterlag. Das ist nur ein Beispiel für die große Schwierigkeit, in einem komplizierten Umfeld Automatisationen abzusichern. Nun wäre der Schluß falsch, in der Fliegerei sei Automatisation grundsätzlich fehl am Platz und ihre Entstehung wäre schlicht und einfach den Personaleinsparungswünschen der Luftfahrtgesellschaften geschuldet. Die Entwicklung läßt vielmehr vermuten, daß die Initiative zur Automatisation vom Flugzeughersteller kam. Der aber hat nur den neuesten Stand der Technik in sein Produkt Flugzeug eingebracht, und das ist vornehmlich die Digitaltechnik. Sie machte in den letzten Jahren sprunghafte Fortschritte und veränderte die Flugzeugsysteme ganz enorm. Die Automatisation war das logische Resultat.

Der Grad der Automatisation wurde bisher von den technischen Möglichkeiten bestimmt, nicht von den eigentlichen Notwendigkeiten. Doch da die Systeme bisher noch nicht wirklich automatisiert sind, muß die Besatzung sie auch weiterhin durchschauen. Und solange das der Fall ist, wird den Flugzeugführern unter Umständen mehr Systemwissen abverlangt als bei den vorherigen manuellen Systemen. Das heißt, die Vorstellung, die erforderlichen Qualifikationen und die damit verbundenen Kosten ließen sich verringern, wird sich in absehbarer Zeit nicht verwirklichen. Der Beruf des Flugzeugführers wird nichts von seiner Attraktivität verlieren.

Ein automatischer Vorgang bedarf nicht der Kontrolle

Unser Flug nähert sich seinem Ende. Die Landung stellt bezüglich des Arbeitsaufwandes einen Höhepunkt dar. Gelandet wird gegen den Wind. Da der Wind aus östlicher Richtung kommt, wurde uns die Bahn 07R zugewiesen. Diese »Null-Sieben-rechts« verläuft in Richtung 71 Grad (Richtung Nord-Ost) und ist die rechte der beiden Parallelbahnen. Bei ihrer Bezeichnung wird die letzte Stelle gerundet und nicht mit angegeben. Noch ist es dunkel in Frankfurt, die Sicht aber gut, und so muß kein besonderer Anflug, wie beispielsweise der »automatische« nach dem erwähnten Kategorie-III-Verfahren, absolviert werden.

Die Zeit, in der Flughafenzäune noch als Navigationsmittel eine Rolle spielten, ist schon lange vorbei. Diese optischen Hilfsmittel verloren bei abnehmender Sicht schnell ihre Tauglichkeit. Heute wird fast ausnahmslos auf elektronischer Basis gearbeitet, obwohl der Crew letztlich weiterhin alles optisch übermittelt wird. Statt durch einen Blick aus dem Cockpitfenster wird alles von gut beleuchteten mechanischen Instrumenten oder feinauflösenden Bildschirmen abgelesen. Moderne Cockpits, die für ihre Anzeigen überwiegend Bildschirme verwenden, nennt man wegen deren Oberfläche auch Glascockpits. Solche Bildschirme bestehen entweder aus Fernsehschirmen (Fachbezeichnung CRT – *cathode ray tube*) oder aus Anzeigen mit Flüssigkristall (LCD – *liquid crystal display*).

Die elektronische Leithilfe zum genauen Anfliegen auf eine Landebahn und zur anschließenden Landung besteht aus mehreren wohlplazierten Sendern am Boden und den Empfangsanlagen an Bord. Sie gehören zum Instrumenten-Lande-System, kurz ILS (*instrument landing system*). An Bord haben die ILS- Informationen zwei Verwendungen. Erstens werden sie zu optisch sinn-

vollen Anzeigen im Cockpit aufgearbeitet, zweitens führen sie auf Wunsch die Autopiloten.
Daß das Maximum an Cockpitanzeigen bei der »automatischen Landung« benötigt wird, spricht dafür, daß es sich hierbei nicht wirklich um eine automatische Landung handelt. Ein automatischer Vorgang im wahren Sinn des Wortes bedarf nicht der Kontrolle, sondern höchstens der Vollzugsmeldung. Wir werden uns aber noch lange in einer Welt bewegen, in der auch das Wunderding Space Shuttle zu Übungszwecken von Hand gelandet werden muß, um nach einem Ausfall seiner Lande-»Automatik« wirkungsvoll eingreifen zu können.
Zwei Sender am Boden und zwei Anzeigen im Cockpit bilden die Grundlage des ILS. Ein Sender strahlt die horizontale Information aus. Er bringt das Flugzeug auf den Landekurs (*localizer*), der in der Verlängerung der Bahn liegt. Deshalb heißt er Landekurssender. Er steht hinter dem Ende der Bahn, genau in Verlängerung des Mittelstreifens, und kann so das Flugzeug auch beim Ausrollen noch führen. Der andere Sender strahlt die vertikale Information aus. Er dirigiert das Flugzeug auf einen zur Bahn hin abfallenden Gleitweg (*glideslope*), der die Landebahn, 1000 feet vom Bahnanfang entfernt, beim Aufsetzpunkt berührt. Weil ein an diesem Punkt stehender Gleitwegsender überrollt würde, hat man ihn querab vom Aufsetzpunkt neben die Bahn gestellt. Landekurs- und Gleitwegsender sind typischerweise in zwei rotweiß gestrichenen Häuschen untergebracht.
Da der Flugzeugführer das Instrument »Künstlicher Horizont« (*attitude directional indicator* – ADI) wegen seiner Wichtigkeit immer im Blick hat – er erkennt darauf die Lage des Flugzeugs –, hat man die Information für Landekurs und Gleitweg dort mit eingebaut: einen senkrecht stehenden Zeiger (*localizer bar*) für den Landekurs und einen waagerechten Zeiger (*glideslope bar*)

für den Gleitweg. Kreuzen sich beide in der Mitte des Instruments, fliegt das Flugzeug genau richtig. Ist der senkrechte Zeiger weiter links, muß das Flugzeug etwas nach links gesteuert werden, um es auf den Landekurs zu bringen. Ist der waagerechte Zeiger nach unten gewandert, fliegt das Flugzeug zu hoch und muß etwas schneller sinken, um wieder auf den genauen Gleitweg zu kommen. Der Gleitweg ist von ILS zu ILS verschieden, beträgt aber normalerweise drei Grad. Im Straßendeutsch entspricht das einem Gefälle von sieben Prozent.

06:29 UTC, Flugzeit 08:13 Stunden: Rüdesheim ist überflogen. Wir wechseln zur ersten flughafenbezogenen Sprechfunkverbindung, der Anflugkontrolle (*approach control*). Der am Radargerät sitzende Fluglotse gibt uns und den anderen anfliegenden Maschinen individuelle Flugrichtungen und Geschwindigkeiten vor. Das Resultat ist die zeitliche Staffelung der anfliegenden Maschinen auf den beiden Frankfurter Parallelbahnen. Unsere unter Flugfläche 100 (3000 m) auf 250 Knoten IAS zurückgenommene Geschwindigkeit durften wir bisher beibehalten.

Sichtkontakt bei der Landung

06:30 UTC, Flugzeit 08:14 Stunden: Die Flughöhe ist jetzt 4400 feet. Der Copilot kündigt an, den Autopiloten, der ohnehin nur noch in der flugstabilisierenden Betriebsart arbeitet, ganz auszuschalten und ab jetzt manuell zu fliegen. Er schaltet auch die automatische Schubregelung aus: Seine rechte Hand hält nun das Steuerrad fest, und die linke umfaßt die Schubhebel. Jetzt benötigen wir die Auftriebshilfen. Dazu fahren Vorflügel und Klappen auf ihre erste Ausfahrstufe. Preßluftgetriebene Motoren betätigen über Gestänge einen ersten Teil der

Mit ausgefahrenen Klappen erhöht sich der Auftrieb
(Boeing 747)

Slats. Gleichzeitig fahren die hydraulisch angetriebenen Flaps ein kleines Stück heraus. Darauf folgt eine entsprechende Geschwindigkeitsreduzierung.

06:32 UTC, Flugzeit 08:16 Stunden: Abgestiegen auf eine neue Höhe von 3000 feet, befinden wir uns bereits in der Verlängerung der Landebahn. Weil wir das ILS empfangen und der Copilot genau steuert, steht der senkrechte Zeiger in der Mitte. Jetzt durchfliegen wir von hinten die Gleitebene, und der waagerechte Zeiger wandert von oben in die Instrumentenmitte. Brächte der Copilot das Flugzeug jetzt nicht in den Sinkflug, würde der Zeiger weiter nach unten wandern und »fliege tiefer« befehlen. Beide Zeiger stehen nun in der Mitte. Weil sie dort ein Kreuz bilden, heißen sie auch Kreuzzeiger.

Vier weitere Ausfahrstufen der Flaps, verbunden mit dem vollständigen Ausfahren der Slats, wechseln sich mit zugehörigen Geschwindigkeitsreduzierungen ab. Vor der letzten Klappenstellung folgt ein nicht weniger wichtiger Handgriff des nichtsteuernden Flugzeugführers. Er legt den Fahrwerkshebel um. Haben Klappen und Fahrwerk die endgültige Landeposition erreicht, lese ich die Lande-Checkliste (*final check list*) vor.

06:35 UTC, Flugzeit 08:19 Stunden: Noch etwa zwei Minuten bis zur Landung. Wir überfliegen das »äußere Anflugzeichen« (*outer marker*), das nichts anderes ist als ein scharf gebündelter, senkrecht nach oben strahlender Sender, der sich im Cockpit beim Überfliegen optisch und akustisch bemerkbar macht. An dieser Stelle muß die momentane Höhenmesseranzeige identisch sein mit dem Wert in der Landekarte. Besonders bei schlechter Sicht eine wichtige zusätzliche Kontrolle.

Wir haben die Sprechfunkfrequenz zu »Frankfurt tower«, der uns bei normalem Wetter von seinem Kontrollturmfenster aus sieht, gewechselt.»Lufthansa four four five, wind zero four zero, seven knots, cleared to

Nach der Landung fahren die Spoiler heraus (Boeing 747)

land, runway zero seven right.« Die Landeerlaubnis wird pflichtgemäß bestätigt. Unsere vier je 600 Watt starken Halogenscheinwerfer sind eingeschaltet.
Da die Zivilluftfahrt keine Landung ohne letztlichen Sichtkontakt kennt, ist die Landebahn nach internationalen Regeln sowie je nach Kategorie mit einer Vielzahl roter, grüner und weißer Lampen versehen, die über ein sekundenschnell anlaufendes Notstromaggregat abgesichert sein müssen. Der imposanteste Teil einer solch gut ausstaffierten Landebahnbefeuerungsanlage liegt vor der Bahn. Es ist ein 600 Meter langes Band von Scheinwerfern, die wie ein Laufband zweimal pro Sekunde zur Bahn hin aufblitzen. Da diese zum Auffinden der Landebahn gedachte optische Hilfe bei unserem Anflug wegen der guten Sicht blenden würde, ist sie ausgeschaltet. Auch die vielen Landebahnlichter sind an diesem klaren Morgen vom Tower aus auf geringe Intensität geregelt.
Im Zweimanncockpit macht es eine Computerstimme,

hier ruft der Flugingenieur ab 400 feet die angezeigte Höhe des Radiohöhenmessers aus. Zuerst in Schritten von 100 feet, zum Schluß jede 10 feet. Eine wichtige Hilfe für den steuernden Flugzeugführer, die auch beim automatischen Anflug angewandt wird.

Da das Handwerk des Landens schon beschrieben wurde, wird jetzt ohne Wenn und Aber mit der Geschwindigkeit von 145 Knoten (269 km/h) aufgesetzt (*touch down*). Die Gashebel werden auf Leerlauf zurückgezogen und durch Hochziehen der vorn an den Hebeln sitzenden Zusatzhebel (*reverse levers*) die Schubumkehrer betätigt. Je höher gezogen wird, um so schneller drehen die Triebwerke und desto stärker ist der Bremsschub durch die nach schräg vorn umgeleitete Fanluft.

Das Hochklappen der Luftwiderstand bringenden und den Auftrieb zerstörenden Spoiler auf der Tragfläche geschieht in aller Regel automatisch. Die Radbremsen werden entweder manuell oder automatisch betätigt. Wurde die Automatik mit ihrer einstellbaren Verzögerung vor der Landung nicht eingeschaltet, so wird durch Drücken auf die obere Hälfte der beiden Ruderpedale gebremst.

Nach dem Aufsetzen läßt sich das Flugzeug durch dosiertes Treten in eine der Pedalen noch bis hinunter zu einer deutlich geringeren Geschwindigkeit als der bei der Landung mit dem Seitenruder lenken. Läßt dessen Wirkung nach, wird das lenkbare Bugrad das alleinige Steuerungsmittel. Es kann ebenfalls, allerdings in begrenztem Ausmaß, durch Treten in ein Ruderpedal betätigt werden. Für das Abbiegen von der Landebahn und allgemein zum Rollen um Kurven steht den Flugzeugführern schließlich zum Auslenken des Bugrades das seitlich angebrachte Handrad zur Verfügung.

Landezeit 06:37 UTC (07:37 Uhr Ortszeit), 08:21 Stunden nach dem Start: Gab es für mich während des Landevor-

New York über den Wolken – Freiheitsstatue

gangs einiges zu beobachten, folgen jetzt in schneller Abfolge 62 Prüf- und Schaltvorgänge. Danach lese ich eine Checkliste.
Von der zarten Frauenstimme im Tower, die uns die Landeerlaubnis gab, wechseln wir zur Rollkontrolle, einem Lotsen, der möglicherweise direkt neben ihr steht. Er beobachtet, ob wir seinen Rollanweisungen Folge leisten.
Nach sechs Minuten biegen wir in unsere Parkbucht ein und rollen direkt auf das Flughafengebäude zu. Eine optische Roll- und Stopphilfe an der Außenwand erleichtert eine genaue Positionierung. Nach dem Anhalten werden die Motoren abgestellt. Die schon während des Rollens gestartete APU übernimmt die Versorgung mit Strom und die Klimatisierung. Sobald ein Bodentechniker mit Kopfhörer und Mikrofon das Vorliegen der Bremsklötze an den Rädern bestätigt, werden die Bremsen wieder gelöst. Noch ein bißchen Schalten, Papiereausfüllen und Bücherführen sowie

zwei weitere Checklisten lesen, dann lassen wir das Cockpit hinter uns.
Die Außentemperatur beträgt minus sechs Grad Celsius. Zwei beheizte Passagierfinger sind herangefahren. Flugbegleiter haben die entsprechenden Flugzeugtüren geöffnet. Während die 386 Passagiere aussteigen, werden die Frachtraumtüren von außen geöffnet. Hubwagen fahren heran und beginnen, die in Container verladene Fracht und Passagierkoffer auszuladen. Die Wartung beginnt mit den ersten, nach dem Abstellen der Motoren zeitlich nicht aufschiebbaren Kontrollen. Als die 17köpfige Crew aussteigt, ist bereits vorn ein Flugzeugschlepper vorgefahren, der das Flugzeug mit seiner noch aufräumungsbedürftigen Kabine in die Flugzeughalle Nr. 5 schleppt.
Wir fahren mit einem Crewbus direkt in das zweite Tiefgeschoß unserer Firmenbasis, steigen aus, drücken uns untereinander insgesamt 136mal die Hände, leeren unsere Dienstpostfächer, über die etwa 70 Millionen Blätter Papier (entspricht 7 km Buchrücken) pro Jahr an die 12 000 Mitarbeiter des fliegenden Personals verteilt werden, und fahren oder fliegen zu unseren Privatzielen. Wohnen in Schleswig-Holstein, im Allgäu oder im Ausland ist keine Seltenheit. Der eigene Monatsplan ist ein Unikat. Kein Plan gleicht dem eines anderen. Im Durchschnitt habe ich drei- bis fünfmal im Monat Dienstbeginn und bekomme im Monat zu Hause mindestens zehn Tage frei. Der Dienst bezieht sich nicht auf eine bestimmte Strecke, sondern ist weltweit derjenige, der gerade von der zugehörigen Flotte bedient wird. Übermorgen werde ich planmäßig nach Chicago fliegen. Zum 653stenmal über den Nordatlantik! Im Cockpit!

Register

Abflugbesprechung 112
Abheben 128
abnormal checklist 106
ABS s. *anti skid*
Abstieg 47
ADF 140
ADI 207
aileron 33
air traffic control s. ATC
airconditioning 67
Allgemeines Funksprechzeugnis s. AZF
alternate fuel 87
amerikanische Zulassungsbehörde s. FAA
Anflugkontrolle 208
Anflugzeichen 210
angezeigte Luftgeschwindigkeit s. IAS
Anlassen 108, 109
anti skid 78
Antiblockiersystem s. *anti skid*
Antikollisionswarngerät s. TCAS
approach control 208
APU 13
ATC 111, 114
ATC-Transponder 143
attitude directional indicator s. ADI
Aufsetzen 75
Auftanken 99
Auftrieb 25
Ausfallprinzip 38
Außenüberprüfung 92
äußeres Anflugzeichen 210
auto throttle 157
automatic direction finding equipment s. ADF
Automatisation 205
automatische Landung 207
Autopilot 28, 36
auxiliary power unit s. APU
AZF 43

Benzin s. Kraftstoff
Beschleunigung 23, 124
black box 28
blaues Eis 188
Blockzeit 108
blue ice 188

Bodengeschwindigkeit s. GS
Bodenkontrolle 107
Bodenpersonal 90
Breitengrad 172
Bremse 77
briefing 86
Bugfahrwerk 24

cathode ray tube 206
Checkliste 105
climb power 157
cockpit briefing 106
Cockpitbesprechung 106
Computer 56
control tower s. Tower
control wheel 29
Copilot 43
CRT 206
cruise flight 36

D-check 204
descent 47
distance measuring equipment s. DME
DME 138
Drehfunkfeuer s. VOR
Druck- und Klimaanlage 67
Düsentreibstoff s. Kraftstoff
Düsentriebwerk s. Triebwerk

Elektronikkiste 28
elevator 36
engine s. Triebwerk
Entfernungsmeßsystem s. DME

FAA 161
fail safe 38
fan 177
fasten seat belt
Federal Aviation Administration s. FAA
feet 74
Fensterscheibe 191
ft s. feet
fin 35
final check list 210
FL 130
flaps 26
flight crew briefing 86
flight level s. FL

215

flight log 108
flight management system 110
flight-recorder 156
Flugbegleiter 188
Flugbenzin s. Kraftstoff
Flugbuch 108
Flugdatenschreiber 156
Flugfläche s. FL
Flughöhenstaffelung 130
Flugingenieur 40, 43
Flugplan 86
Flugschreiber 156
Flugsicherung s. ATC
Flugtreibstoff s. Kraftstoff
Flugturbinentreibstoff s. Kraftstoff
Flugvorbereitung 86
Flugzeugführer 40, 42
Flugzeugtreibstoff s. Kraftstoff
fly by wire 54
FMS 110, 111
fuel s. Kraftstoff
fuel dump 88
Funker 38
Funkfeuer s. VOR, ADF

Gashebel 123
Gebläserad 177
Gegenwind 97
Generator 59, 67
geographischer Nordpol s. Nordpol
Geschwindigkeit über Grund s. GS
Geschwindigkeitsbremse 47, 77
Geschwindigkeitsregelung 157
Gewichtsberechnung 104
Glascockpit 206
Gleitweg 76, 207
Gleitwegsender 207
glideslope 76, 207
glideslope bar 207
global positioning system s. GPS
GMT-Zeit 82
GPS 111
greenwich mean time 82
Großkreis 170
ground control 107
ground speed s. GS
GS 122
Gummiwolke 116

Hauptfahrwerk 24
Hilfsgasturbine s. APU
Hilfspropeller 51
Höhenmesser, Radio- 91
Höhenruder 36
Höhenruderflosse 36

Höhenstaffelung 130
holding 87
holding fuel 87
Hydraulik 48

IAS 118
idle power 21
IFR-license 43
ILS 206
indicated airspeed s. IAS
inertial navigation system s. INS
inertial reference system s. IRS
INS 120, 148
instrument flight rules-license s. IFR-license
instrument landing system 206
Instrumenten-Lande-System 206
Instrumentenflugberechtigung s. *IFR-license*
IRS 111, 122

Jettriebwerk s. Triebwerk

Kabinenchefin 72
Kabinendruck 17, 198
Kabinenfenster 191
Kaffeemaschine 66
Kapitän 42
Kat-drei 166
Kategorie III 166
Kerosin s. Kraftstoff
kinetische Energie 203
Klimaanlage 67, 195
Knoten 118
Kommandant 42
Kompaß 137
Kompaßrose 137
Kompressor s. Triebwerk
Kondensstreifen 183
Kontrollturm s. Tower
Kraftstoff 134
Kraftstoffablassen 88
Kraftstoffverbrauch 86
Kühlung 196
Künstlicher Horizont s. ADI

Lande-Checkliste 210
Landebahn s. Startbahn
Landeklappe s. Startklappe
Landekurs 207
Landekurssender 207
Landen 75
Landmeile 118
Längengrad 172
LBA 161

LCD 206
Leerlauf 21
Leistung 125
liquid crystal display 206
load & trimsheet 104
localizer 207
localizer bar 207
Luftdruck 17, 198
Luftfahrerschein 44, 83
Luftfahrtbundesamt s. LBA
Luftfeuchtigkeit 193
Luftloch s. Turbulenz
Luftstraße 136

Machmeter 119
magnetischer Nordpol s. Nordpol
maintenance 90
manual back-up 51
manuelle Steuerung 51
Mechaniker 38
MEL 161
Mindest-Boden-Steuer-Geschwindigkeit s. VMCG
minimum equipment list s. MEL
Motor s. Triebwerk

NAT-*track* 168
nautical mile s. Knoten
Navigationsempfänger 136
Navigationsgerät s. INS, IRS
Navigationssender 136
Navigator 38
Nordpol, geographischer 148
Nordpol, magnetischer 148
normal checklist 106
north atlantic tracks 168

off-block 108
Ohr 14
on-block 108
outboard aileron 53
outer marker 210
outside check 92

panel 70
Petroleum s. Kraftstoff
Pflichtmeldepunkt 137
Pilot s. Flugzeugführer
potentielle Energie 202
PPL 43
Präzisions-UKW-Drehfunkfeuer s. VOR
preflight check 90
Primärradar 143
Privat-Piloten-Lizenz s. PPL

private-pilot-licence s. PPL
Purser 82
Purserette 72

QNH 200
Querruder 33

Radargerät 142, 173
Räder 94, 115
Radiohöhenmesser 91
Reifen 94, 115
Reifendruck 115
Reiseflug 36
Reisefluggeschwindigkeit 132
Reiseflughöhe 132
relative Luftfeuchtigkeit 193
Rückenwind 97
rudder 35

safe life 38
Satellitennavigation s. GPS
Schallgeschwindigkeit 119
Schalttafel 70
Scheibenbremse 77
Scheinlot 34
Schub 124, 178
Schubumkehr 78
Schwerpunkt 105
Seemeile s. Knoten
Segelflugeigenschaft 48
Seitenruder 35
Seitenruderflosse 35
Sekundärradar 143
SELCAL 169
selective calling system s. SELCAL
side-stick 54
Simulator 161
slats 26
slot 104
speed brake 47
Spoiler 52
Spoiler-Mixer 54
Sprit s. Kraftstoff
stabilizer 36
Start s. *take off*
Startbahn 23
Startklappe 26
statute mile 118
Steigleistung 157
step climb 157
Steuerknüppelchen 54
Steuerrad 29
Steward s. Flugbegleiter
Stewardeß s. Flugbegleiter
Störklappe 52, 77

217

Strahltriebwerk s. Triebwerk
Stratosphäre 184
Stromverbrauch 65
Stromversorgung 59

take off 22, 123
take-off briefing 112
Tank 102
Tanken 99
TAS 119
TAT 134
TCAS 145
Temperatur, Außen- 69
throttle 123
thrust reverse 78
total air temperature s. TAT
totale Temperatur s. TAT
Tower 18
traffic alert and collision avoidance system s. TCAS
Trägheitsnavigationsgerät s. INS
transition level 201
Transponder 143
Treibhauseffekt 184
Treibstoff s. Kraftstoff
Triebwerk 22, 78, 177
flaps 26
Tropopause 133
Troposphäre 133
true airspeed s. TAS
Turbine s. Triebwerk
Turbulenz 71, 174

Übergangshöhe 201
Überholung 204
UKW-Drehfunkfeuer s. VOR
Umluftofen 66
ungerichtetes Funkfeuer s. ADF
universal time coordinated 82
UTC-Zeit 82

Variation 150
velocity minimum control ground s. VMCG
Verkehrsluftfahrzeugführer 42
very high frequency omnidirectional radio range s. VOR
VMCG 127
voice-recorder 156
VOR 137
Vorflugbesprechung 86
Vorflügel 26
Vorflugkontrolle 90
Vorhaltewinkel 139

wahre Luftgeschwindigkeit s. TAS
Wärmepumpe 197
Warteschleife 87
Wartungstechniker 203
Wolke 71

Zeitfenster 104
Zweimanncockpit 41
Zwischensteigflug 157